守望昆仑

第三极考古手记

王仁湘 著

图书在版编目（CIP）数据

守望昆仑 / 王仁湘著. —成都：天地出版社，2021.7
（第三极考古手记）
ISBN 978-7-5455-6214-9

Ⅰ. ①守… Ⅱ. ①王… Ⅲ. ①考古工作－新疆②考古工作－青海③考古工作－西藏 Ⅳ. ①K87

中国版本图书馆CIP数据核字（2021）第008377号

SHOUWANG KUNLUN

守望昆仑

出 品 人	杨　政
作　　者	王仁湘
责任编辑	杨　丹
封面设计	叶　茂
封面题字	王仁湘
电脑制作	跨　克
责任印制	刘　元

出版发行	天地出版社
	（成都市槐树街2号　邮政编码：610014）
	（北京市方庄芳群园3区3号　邮政编码：100078）
网　　址	http://www.tiandiph.com
电子邮箱	tianditg@163.com
经　　销	新华文轩出版传媒股份有限公司

印　　刷	天津融正印刷有限公司
版　　次	2021年7月第1版
印　　次	2021年7月第1次印刷
开　　本	700mm×1000mm　1/16
印　　张	15　彩插 1
字　　数	262千字
定　　价	52.00元
书　　号	ISBN 978-7-5455-6214-9

版权所有◆违者必究

咨询电话：（028）87734639（总编室）
购书热线：（010）67693207（营销中心）

如有印装错误，请与本社联系调换

曲贡遗址出土的陶器

守望昆仑

曲贡遗址出土的石磨盘

曲贡文化研色盘、研色棒

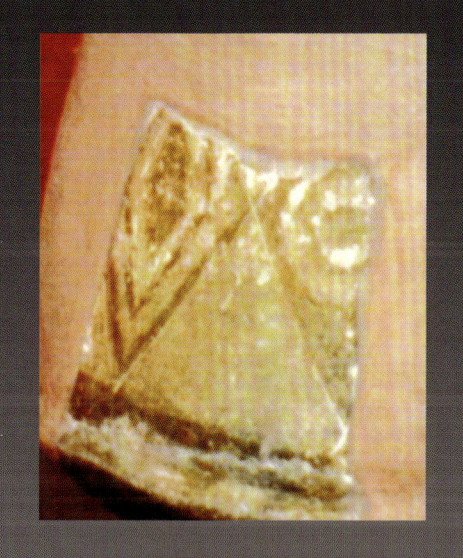

曲贡遗址出土的衬花陶杯

守望昆仑

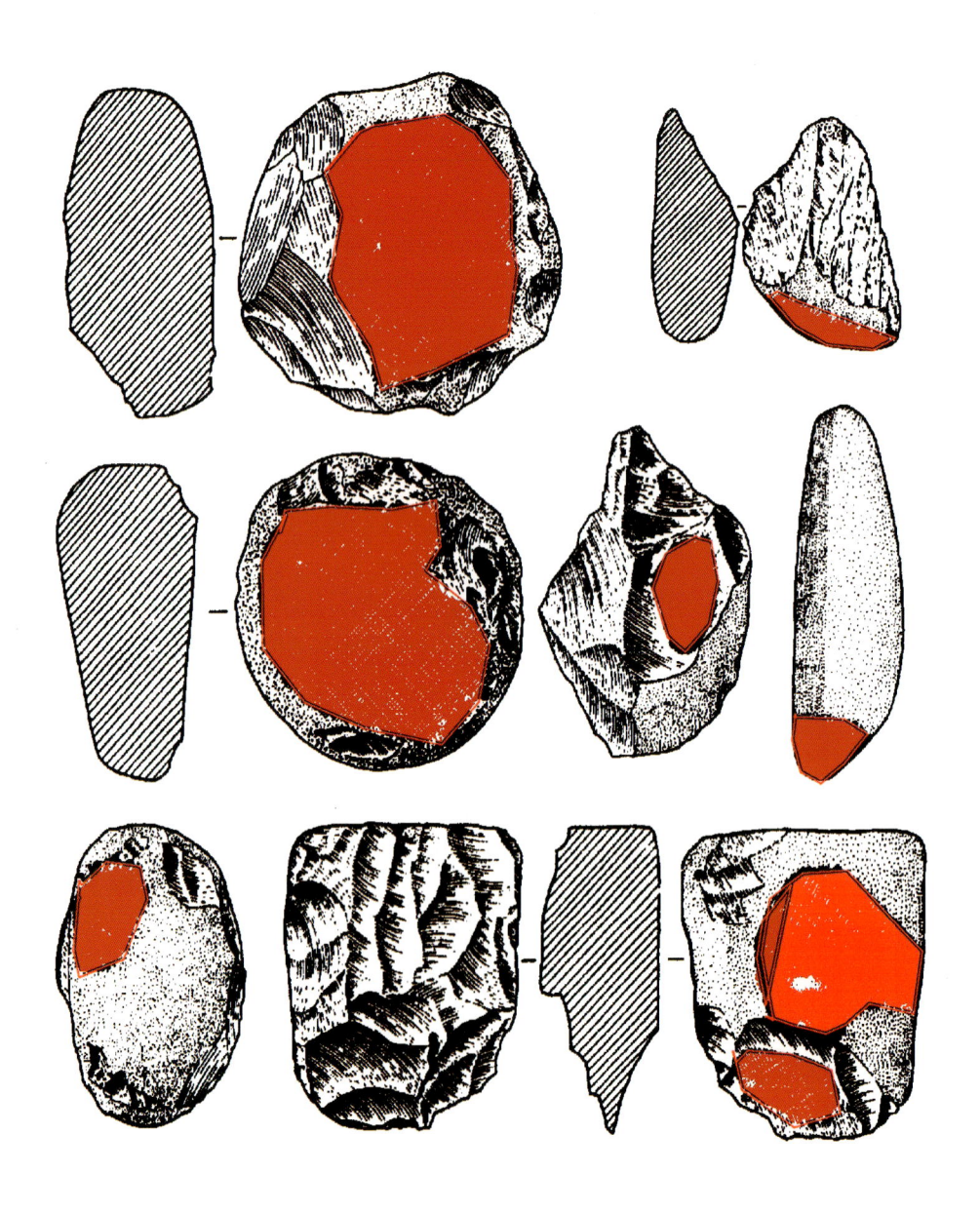

曲贡文化涂红石器

甘肃天祝青铜牦牛

守望昆仑

喇家遗址发掘现场

喇家遗址发掘的房址

西藏古格王国遗址出土的石釜

喇家遗址石磬

喇家遗址出土的玉璧和玉器

仰韶文化遗址出土的陶鏊

河南新郑裴李岗遗址出土的石磨盘

青海乐都柳湾遗址出土的陶靴

守望昆仑

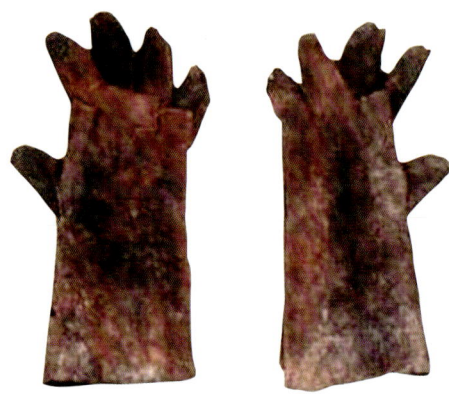

湖北江陵藤店一号楚墓出土的战国皮手套

新疆民丰尼雅一号墓地出土的织锦手套

湖南长沙马王堆汉墓出土的纺织品手套

甘肃玉门火烧沟遗址出土的靴形陶罐和陶人

四川汉源出土的双腹陶器

西藏昌都卡若遗址出土的双腹陶器

使命与使者：考古与考古人（代序）

来自八所大学的诸位同学获得第三届李济考古学奖，祝贺你们，羡慕你们。

你们的获奖，得来不易，一分耕耘，一分收获。当然也要感谢培养你们的老师，感谢你们所在的学校。读到你们的作品，看到充满自信的你们，就像走进了青果园，透着清新。不由得想起了吉林大学考古系的十年纪念《青果集》，如今果子已经成熟，硕果累累。看到又有一串串青果在如此美好的园子里生发，令人兴奋，也令人期盼。

在参与第一届奖学金的论文评选时，我心里就有一份感动，写过几句话，说到了考古业界的酸苦，感叹：考古的后生，你可畏，你更可敬。还希望考古后生"行合趋同，行远自迩，行之有道，行之有效，行成于思，行古志今"，行行复行行，有你们的加入，考古之路会越走越宽广。

想起当年，有一位使者，由美利坚哈佛出发，行程几万里，一去跨越六千年。他就是李济。他30岁时到达西阴村的史前居址。这位探访西阴村的使者带来了许多信息，他还捎来了许多绘彩的陶器，他让世人见识了黄土地带此前从不知晓的史前事物，他打开了一扇通往史前中国的明窗。

今天，获奖的诸君，也到了李济求学哈佛时24岁的年纪，一样的学有大成，一样的雄姿英发。你们就要整装出发，你们的目的地也许是天西一万年的史前营地，也许是地中三千年的青铜作坊，也许要去探访的是汉宫唐陵，你们是现代人遣往古代社会的又一批使者。

我们为何要充任这使者的角色？我们又该有怎样的担当呢？

这恐怕是在问这样的问题：考古要考什么？考古又是为了什么？考古与当今又有什么联系？

问这些问题似乎显得有些外行，也有些无奈。不过当你得知在世界顶级考古论坛也有这样的发问时，也许就不会讥笑这样的提问了。

考古自然是考察古代事物，但生长在现实世界中的考古学，却从来也没有逃脱开现实的干预。在古与今中流连纠结，这便是考古人的命运。

如果是一位厨师，他对所担负的责任非常明确，为了人们的基本营养、味蕾体验和奢欲而烹调。如果是一位木匠，同样的感觉，他用木头创造人们需要的住室、用具与奢华。

可是你作为一个考古学家，你怎么会连自己是干什么的，为何要干这个行当都不那么明晰呢？

当然我们都会自豪地说，自己担当着复原历史的大任，做着传统历史学力所不及的大事情。或者还会更骄傲地说，我们与历史学家一起，在研究历史发展的规律，探索历史前行的方向。

历史有逝去的过往，也有自作主张的行进方向，历史的车轮会一如既往地滚滚向前。历史不会受历史学家的指引，也不会受考古学家的指引，它从来都是信马由缰自在往前溜达。

考古会不会是为了找寻失忆的年代，保存与传承一份真切的回忆，如此而已，或者是其他？

埃及法兰西大学教授费克里·哈森在上海世界考古论坛上演讲，倡导考

使命与使者：考古与考古人（代序）

古要将过去当未来研究，显然要给考古一个新定位，原来也可以将古代标示为现代的参照系，过去可以警示当代，可以启示未来，他将考古渲染上了时代的色彩。

考古研究的目标，过去关注的是物质文化，是陶器、石器之类，讨论的是文化传播、进化和发展模式。后来开始关注经济形态，如柴尔德的研究。我们的考古学有各种研究理论与方法，可是考古学却并没有明确不变的目标。

哈森教授说考古要研究人类的过去，也要为人类的未来思考。人口、资源、消费是我们应当关注的问题。

人们因共同利益聚集到一起，又因不同利益分化为阶层，这是社会结构模式。考古要关心人类生存状况，要关注社会的变化与发展。用过去关照当代，关照未来，这是否也是一种担当？

在古今之间，我们学习游走。在苦乐之间，我们有舍有得。从古到今有多远，或说在笑谈之间，缥缈无痕。从今到古有多远，我们说在朝夕之间，可丈可量。笑谈古今，那是空论，一把手铲，古今化作零距离。

当我们的脚印出现在哪里，未知的历史便从哪里呈现。当我们的双足叠合在古人的脚印上时，我们成了历史的探访者。史学家的历史是书写出来的文字，经历了反复整合修饰。考古家的历史是看得见的实景，经历了反复观察摩挲。

考古家可以穿越时空，直接进入历史的层面，看到真实的历史场景。当记忆飘落尘埃，不能看着一切变成空白，待我们化腐朽为神奇，迷惘与艰辛就变成了彻悟与自豪。

我真的以为，考古人其实只不过是现代社会和现代人遣往古代探访信息的使者，使者要有自己的担当，要为现代与未来社会服务，将考古明晰了的古代

守望昆仑

信息反哺社会，这正是考古学要思考的一个紧迫问题。

请大家记住"使者"这个词，李济先生是使者，我们大家都是使者。

我们这个使者的担当，是既忠实于现实，又忠实于历史，还怀有一个欣然向往的未来。

各位使者即将出发，记住了，我们等待着你们返程的消息，你们的后来者也会有同样的等待，当下与未来都对各位怀有满满的期待。

（本文是作者2014年5月21日在吉林大学第三届发现中国李济考古学奖学金颁奖典礼上的致辞，有改动）

目录

雪域远古农牧文明探寻
　　——西藏拉萨曲贡遗址发掘琐记 ································· 001

从卡若到曲贡
　　——西藏高原新石器文化 ··· 016

生命之色
　　——西藏拉萨曲贡遗址涂红石器解析 ····························· 045

西南地区史前陶器衬花工艺探讨
　　——由西藏曲贡和卡若文化的发现说起 ························· 052

牦牛遗踪
　　——从中国西部的岩画说起 ··· 070

火食发端 ·· 077

数不清道不明的琼结藏王陵 ·· 087

雅鲁藏布江边的明珠：朗色林 ·· 100

西海考古小札（上） ··· 105

西海考古小札（下） ··· 133

感受史前时代一场大灾难
　　——青海喇家村新石器时代遗址考古记·················· 144
磬王显形记························· 153
面条的年龄························· 163
4000年前的中国餐叉···················· 172
寻踪古老时尚里的靴子和手套················ 177
河西东厨的魏晋食尚
　　——嘉峪关墓室彩绘砖画················ 185
叩问玉门·························· 195
玉石路上
　　——从忻州到和田··················· 200
西南古代文化纵横通道断想················· 212
昆仑诗草·························· 216

参考文献·························· 227
后　记··························· 231

雪域远古农牧文明探寻

——西藏拉萨曲贡遗址发掘琐记

你走过漫漫长夜

不用感伤

没有诅咒

也没有眷恋

……

你走过茫茫原野

冰雪消融

满怀欢喜

也满怀虔诚

那春天总要飘然降临

哦……

昨天的太阳

属于昨天

今天的日子

有一个崭新的姿颜

这一首《昨天的太阳》,是西藏高原广为传唱的流行歌曲之一。每当听到它深情动人的旋律,我的思绪就会一下子驰骋到雪域高原,心中整个地都会为冰峰、羌塘、雅鲁藏布和布达拉宫所占据，就会想起在那里进行田野考古调查和发掘的日日夜夜，艰险与收获，遗憾与欢欣，历历在目。

连续五个年头的高原工作，几度穿越雪域，有许许多多的人和事费我百思去求解，使我激动而无眠，一切虽已过去，依然刻骨铭心。在遥远的雪域，我饮到酸甜的酒，听到高亢的歌，看到优美的舞，遇到纯朴的人，寻到古老的梦。最使我难以忘怀的，还是拉萨曲贡遗址的发掘，就是在这个似乎平常的古代文化遗址里，我和我的同行开始与藏族先民直接交流，我们探访到西藏腹地海拔最高、年代最早的远古农牧文明。在感受高原烈日的光焰时，面对着雪域先民的遗迹遗物，我们似乎也感受到了这号称"世界第三极"的昨日太阳的辉煌。

一、初涉雪域

自从幼时知道了文成公主和松赞干布，还有喜马拉雅和布达拉宫，就对西藏高原的神秘与博大有了一种强烈的向往，幻想着未来能逢上游历雪域的机缘。后来进入大学攻读中国考古学，有幸与来自西藏的几位藏族同胞同窗，我们一起品饮酥油奶茶，一起谈论吐蕃王朝，让我满足了更进一步了解那块神秘土地的渴望，也让我似乎看到了实现梦想的希望。于是开始相信终有一天，我会翻越令人生畏的唐古拉山，去亲身感受高原的雄伟与神奇。

人生有许多时候都可能因迷失于歧途而终成阴差阳错，也偏有一些从天而降的机缘让你夙愿得偿。1989年5月中国考古学会第七次年会在长沙举行，我与同窗索朗旺堆在会上不期而遇，当时担任西藏自治区文物管理委员会主任的他，向我表示了请考古研究所派员参与西藏地区考古发掘的愿望。征得主管领导批准，考古研究所决定由当时主持四川考古工作队工作的我兼管进藏开展工作的具体组织安排。这对于我来说，当然是求之不得的事，我感觉到一个尘封已久的梦想就要实现了。

就在长沙年会一个多月以后，我高兴地收到了雪域高原的盛情邀请，索朗旺堆安排我尽速进藏对文物考古工作现状做一些了解，然后商定具体的工作方案。于是在这一年的夏季，我完成了一次近乎是梦中的旅行。后来我才领悟到，这次穿越世界屋脊的旅行，不仅让我饱览了高原神奇的风光，让我探访到雪域居民的古今世界，还以我从未体味过的强大力度磨炼了我的意志，使进入不惑之年的我有了在其他境遇中不可能获得的人生体验。

初次进藏并没有领教到唐古拉山生命禁区的威胁，而是由北京乘直航班机直飞拉萨。当我怀着试探的心情走下舷梯，首先得到了两个深刻印象：一是头顶的天空碧蓝如洗，一是脚下的大地柔软似绵。当然，这种飘飘忽忽的失重感觉，并不是每个初涉高原的人都能体验得到的。对北京而言，拉萨离太阳的距离毕竟近了3600多米，阳光更加灿烂，风光更为清新，但是低氧的空气却让人心跳加速，头痛不止，吃饭不香，睡觉无眠。在藏期间，我的心脏搏动的频率始终在每分钟130次上下，每日只能维持3小时左右的浅睡眠。奇怪的是，如此的寝食失衡，我却始终不曾有明显的疲劳感觉，精神一直处在亢奋的状态。种种不适的感觉，并没有冲淡我初涉雪域的兴奋，也没有退却我深入探访高原的信心。

身体经过几天的调适，我感觉活力有了些许增加，在索朗旺堆的陪同下，我们开始了为期近一月的野外考察旅行，同行的还有先期进藏的我的老师林向先生。考察的路线是先由川藏公路往东至林芝，再由林芝向西折，经山南至日喀则，然后绕过羊八井返回拉萨。一路重点考察的地方有林芝杜布石器地点和石棺葬墓地、朗县列山吐蕃墓地、乃东吐蕃墓地、琼结藏王陵等处。沿途众多的寺庙与飘飘扬扬的经幡，向我们展示着藏传佛教的现代氛围；山间高耸的陵墓和大大小小的遗址，向我们传导着高原文化的古代信息。高山牧场牛羊成群，河谷盆地麦浪翻滚，一派现代农牧文明景象。眼前的一切，时时让我的思绪跃入远古。就这样，探求高原农牧文明的演进，追寻它的源起，成了我心中开始酝酿的第一个西藏考古的学术课题。

穿越巍峨雪山，渡过澎湃藏布，我们不难发现，雪域不仅有奇险的自然风光和独特的人文景观，也有悠久的历史文化和璀璨的远古文明。

二、难下决断

我们在拉萨附近也考察了几处古文化遗址，其中最吸引我注意的还是北郊的曲贡遗址，它是我计划进行发掘的一个重要目标。但是这个遗址的内涵不大容易一下子了解清楚，没有足够的可资对比的资料来为它定位，尤其是年代无法大体确定，这让我难下决断。正是这个原因，我反复几次踏勘了曲贡遗址，它真让我欲罢不忍，欲定又不能。

曲贡，在藏语里是"水塘"之意，"曲"就是水，"贡"则是堰塘。曲贡村因早先有个大水塘而得名，现在水塘早已消失，但村名依旧。曲贡村位于拉萨河谷的北部边缘，在拉萨城正北约5公里处的色拉乌孜山脚下，东面不远处就是黄教名寺色拉寺。由遗址南眺，可以清晰地望见雄伟的布达拉宫；登上布达拉宫北望，更可将遗址一览无余。

曲贡遗址是1984年由西藏文物普查队发现的，发现者就是我的另一位同窗更堆先生，他是第一代藏族考古学者之一。根据普查资料和我几次现场调查的感觉，大体可以确定这是一处史前遗址，大量的打制石器与磨制石器及玉器共存，磨光黑陶与夹砂红陶同见，初步判断遗址包含有时代早晚不同的遗存。值得重视的是，这个遗址位于雅鲁藏布江中游地区，它的主要内涵应当代表了西藏古代文化的一个重要的断面，很有发掘价值。但是，当时有人认为曲贡的主要遗存可能要晚到唐至明清时代，这个说法还有相当的权威性。这使我心里出现了一丝不踏实，因为我不希望在西藏第一次发掘的目标处在这样晚的时段内。对于西藏地区的考古研究来说，我觉得更有学术意义的还是史前遗存。

在离开拉萨返回北京的前一天，心存疑虑的我又一次来到曲贡村，我实在不忍心放弃它。本来抱着一种侥幸心理，希望有点新的线索，果然有了重要收获，在村民挖取沙土新暴露的地层断面上，意外观察到非常重要的地层堆积关系。我发现在地面散落的大量红陶片，与磨光黑陶可能并不属于一个时代，遗址的下层堆积中没有见到典型的红陶片。更重要的是，在另一处因取土而破坏的地点，还发现了一处居住遗迹，这是一个方形建筑基址，有石块砌成的壁面，居住面上散落着大量的木炭与草木灰。一见这黑黑的木炭，我眼前顿时发亮，我们从事史前遗址发掘，采到了木炭标本，就等于是拿到了判定年代的锁钥。采集到足够的木炭标本，我心头涌出一种如获至宝的感觉。

回到北京，不待身体缺失的氧气补足，还没有完全摆脱那种眩晕状态，我抓紧将木炭标本送到了碳-14实验室。没过几月，实验结果就出来了，这个实验室编号为ZK-2334木炭的标本，年代测定为距今3115年。我知道这个数据代表的只是曲贡遗址上层遗存的年代，它的下层的年代肯定还会更早一些。就是这个年代数据也已经让我觉得很踏实了，它至少是在前吐蕃文化的范围以内，表明曲贡遗址的主要内涵是属于史前的。不用说是这个年代数据坚定了我的信心，由此我便下了决断：我们在西藏开展考古工作，就从曲贡遗址做起。

在我初入西藏一年之后的1990年夏季，考古工作终于迈出了实质性的一步，我带着国家文物局核准的考古发掘证照，带领着新组建的西藏考古工作队，又一次踏上了西进雪域的旅程。

三、"水塘文化"

曲贡遗址的发掘连续进行了三个年度，先后进藏参与这项工作的有十多人。我们有时由空中飞抵拉萨，有时则由陆路穿越雪域。队伍最大时有六个人，那次是由青海格尔木乘汽车经青藏线入藏，全体人员都经受住了高山缺氧的严峻考验，头痛和呕吐自不能免，在彼此的关照下平安翻越了海拔5000多米的唐古拉山。沿途的冰峰，晶莹剔透，虽然没有原来想象的那么雄伟，但那种身临其境的体验却使人永不能忘怀。由日落西山迎得日出东方，一昼夜的颠簸，谁都没有合一下眼，司机的忠告是这个时候千万不能打瞌睡，否则你可能永远不再醒过来。

当疲惫的汽车缓缓行进在拉萨河谷时，海拔已经下降了2000米，我们已经进入了安全地带。抬头向车外望去，阵雨洗涤过的天空中现出了两道叠合的彩虹，是这难得见到的双虹将我们引导进了拉萨古城。我的一位年轻同行说，这应当是一个好兆头。

1990年8月18日，我和我的同行进驻曲贡发掘工地，宿营地是离遗址不远的部队营房。在大体安顿好以后，我们当天就进行了环境调查，确定了具体发掘地点。第二天一早起来，当我们还因前一天阳光炙伤所造成的疼痛而热烈评价太阳的威力时，抬头望去，却见迎面的山巅上，一夜过去已是白雪皑皑了。炎夏季节，雪花纷飞，这是雪域惯见的景象。我们就这样开始，工作生活在既炎热且冰凉的"世界第三极"里。经过招雇民工等一系列的准备工作之后，20日发掘正式开始，通过小面积试掘，工作很快全面铺开。来往的僧尼路过这里，赶着牛羊的牧童经过这里，他们不知道这平日里走惯了的山脚下，历史会遗留下什么宝藏。

由于受山洪冲刷，遗址被分割成若干条块，保存不佳。但在一个月后第一期发掘工作顺利结束时，收获却超过了我的预料。我们在驻地将发掘成果做了一次展示，西藏自治区新闻界、学术界非常关注曲贡遗址的发掘，很快就进行了报道。在接下来的1991、1992年田野工作又持续了两季，遗址保存较好的部分全都进行了发掘，遗址的总面积约10000平方米，发掘面积为3000多平方米。西藏自治区文物管理委员会也派业务人员参加了发掘，作为两个单位的第一次合作，发掘工作取得了预期效果，我们成功了。

发掘揭露的遗迹主要有灰坑和墓葬两类，出土遗物有玉石器、骨器、陶器、小件铜器以及大量的动物骨骼。石器中打制石器占绝大多数，磨制石器和玉器很少，但制作十分精致，采用了穿孔和抛光技术。骨器有一定数量，品种比较丰富，锋刃磨制较精。

曲贡人的主要生活用具是陶器，陶器的成型、装饰、焙烧都显示出相当高的水平。

曲贡人制陶采用的磨花装饰工艺，是一种非常精湛的工艺，过去国内史前考古还不曾有过类似的发现。这种工艺是把陶器表面打磨光亮后，再磨出糙面作为底纹，使保留下来的光面构成素雅的图案。这种无彩的装饰胜于有彩，是曲贡人独到的艺术创造。我约请中国历史博物馆的李文杰先生，专门对这种陶器磨花工艺进行了实验研究，他从设置在自己家中的手工作坊里，烧制出了风格十分接近的磨花陶器，他的精神与成果都令我佩服。他在已经发表的实验报告中说：曲贡人的制陶工艺"在客观上符合了光的反射与漫反射的科学原理和

曲贡遗址出土的陶器

渗碳原理。将刮削、刻划、磨光、渗碳四种技法巧妙地联系在一起使用，产生良好的装饰效果，这是曲贡村遗址制陶工艺的显著特征，是藏族先民的特殊贡献"。

曲贡遗址的文化内涵，表现出许多独到的特点，它为我们展示了雪域高原远古一支农牧部落文化，为探索雅鲁藏布江中游河谷地带的开发史提供了十分重要的资料。它的年代，从文化内涵的比较研究上看，晚于以往在西藏昌都发现的卡若文化，碳-14测定的年代数据也表明了这一点。曲贡遗址的碳-14数据，已先后测得六个，经树轮校正并对数据进行分析后确定，曲贡文化遗存的年代下限为公元前1500年左右，上限为不晚于公元前1750年，年代跨度在距今3750至3500年之间。当然这个上限还不是实际上的最早年代，估计还可以上推到距今4000年前。我在遗址上调查采集的木炭标本测定的年代，已经明显晚于这个时代跨度，虽然以后在许多场合讨论曲贡文化遗存时我没有再提及这个数据，但它起初在对遗址年代的判断上所起到的作用却是不能抹杀的。

发现于西藏东北部的卡若文化，绝对年代在距今5400至4400年之间，不仅早于曲贡文化遗存，而且两者在年代上不相接续，它们是两个有些关联又互为区别的文化类型。

后来的调查发掘还证实，与曲贡遗址文化内涵相同的遗址，在雅鲁藏布江中游河谷地带还有一些，如贡嘎县的昌果沟遗址和琼结县的邦嘎村遗址，都见到性质相近的文化堆积，表明这是具有一定分布范围的富有特点的古代文化遗存。我在1992年就提出了将它命名为"曲贡文化"的建议，如果译成汉语的话，应当称作"水塘文化"，只是这名字就显得不那么雅致了。

四、冰封世界的早期农牧文明

说到西藏，我们首先想到的可能是珠穆朗玛峰，还有冈底斯山和唐古拉山，一片冰封的世界。在某些研究者看来，在冰峰叠嶂的雪域，没有孕育发达的原始文化的条件，西藏的人种与文化可能都是由外部移入的，而且这种移入是很晚才发生的事。事实果真如此吗？

雪域远古农牧文明探寻——西藏拉萨曲贡遗址发掘琐记

曲贡遗址出土的石磨盘

根据人类学家的研究，现代藏族中至少存在两个可以辨识的基本的人类类型，概括称为长颅型和短颅型，前者分布于西藏东部，后者主要分布于西藏南部。东部类型形体高大，我们熟知的康巴人就是典型的代表。我曾由北部翻越巴颜喀拉山去过康巴地区，与康巴汉子合过影，他们腰挎佩刀，足蹬皮靴，头上盘着长长的发辫，剽悍中透射出刚毅与智慧。曲贡遗址出土的一具人的完整头颅骨，人类学家鉴定认为属中长颅型，接近现代藏族人的东部类型。可以确定曲贡人是拉萨河谷地带的原住民，他们创造的文化为高原腹地的古代土著文化。高原的原始文化并不是由外部移入的，而是在本土孕育发展起来的。

选择拉萨河谷地带聚居的曲贡人，已经有了以农耕为主、畜牧为辅的经济生活传统。曲贡人有大量的砍伐类石器，可用于砍伐灌木丛、开垦河谷地带的土地，还有不少切割类的石器，可用于谷物的收割。特别引人注意的是，曲贡遗址还出土了大量的石磨盘和石磨棒，它们是捣碎谷物的必备工具。这些磨盘多数形体很大，有的一个人搬动感觉还挺费劲，它们原先可能是放置在居址内固定位置上的，不会经常挪动。磨棒一般为椭圆状的馒头形，正好握在掌中。这种磨具的臼窝很深，应当是用于捣碎谷物的，它们让我联想到曲贡人的主食可能为面食。

遗憾的是，当时种植的农作物品种并不清楚，可能就是青稞之类。孢粉分析的结果表明，当时的气候比现代要湿润一些，较有利于农作物的生长。过去藏汉文献记述西藏腹地的农耕文化出现得很晚，充其量不过是公元二三世纪的事。曲贡遗址的发掘证实，西藏腹地农耕文化的出现，不会晚于距今4000年前。

曲贡人在农耕之余，还驯养家畜。曲贡遗址出土的大量兽骨中，属于家畜的有牦牛、绵羊和狗。曲贡家牦牛个体不大，细角，是迄今所知的最早的家牦牛。牦牛在英文里念作yak，发音与藏语完全相同。从语源学的角度追溯，牦牛确实是起源于西藏高原的，但是我们过去并不知道，野牦牛的驯育是什么时代的功绩。曲贡遗址的发现提供了确切的答案，家牦牛的驯养在曲贡文化时代就已经完成了。出土的绵羊骨骸为藏系大角绵羊，体形很大，当是由西藏野生盘羊驯化得来。牦牛和绵羊这两种家畜遗骸的出土，表明农牧结合的经济模式在西藏地区很早就出现了。当然这两种高原家畜驯化成功的年代，肯定要早于曲贡人生存的年代。

曲贡人在农牧之外，另一个重要的经济来源是狩猎。遗址不仅出土了大量狩猎工具，也发现了许多野生动物的骨骸，有马鹿、麝、野猪、藏野驴和涉禽等。在灰坑中还发现了一些鱼骨，表明渔捞也是当时的一种辅助经济手段。

与畜牧经济相关联的发现，值得说道的还有梳形器，它有排列均匀的小齿和便于抓握的手柄，多用石料精磨而成，先后出土十多件。它既不像梳，也不是锯，用途令人费解，我请教过许多人，回答都是"无可奉告"。后来有个意外的机会参观拉萨地毯厂，看到工人们编织地毯所用的打纬器具，正是一柄类似曲贡遗址所见的梳形器。这一定就是答案了，梳形器表明曲贡人在畜牧经济基础上已有了毛织工艺，他们已经能生产毛毯之类的御寒产品。类似的梳形器在新疆、甘肃和青海地区的古文化遗址中也有一些发现，这不是偶然的现象，

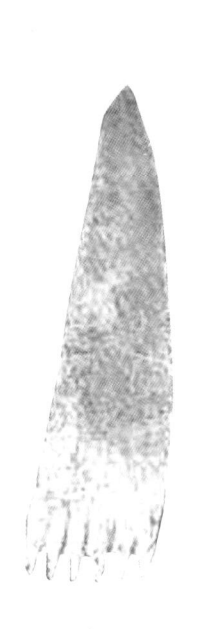

雪域远古农牧文明探寻——西藏拉萨曲贡遗址发掘琐记

曲贡遗址出土的梳形器

它表明古代西部民族拥有相似的毛织工艺。

梳形器之谜的迎刃而解，使我感到很是意外，也让我深受启发。我想作为一名从事史前考古的专业人员，民族志是我们必须涉猎的领域，如若不然，我们所获得的许多史前遗迹和遗物中，将会有相当多的一部分永远得不到应有的、正确的诠释。

磨盘、牦牛、藏绵羊和梳形器，是雪域存在早期农牧文明的几个重要证据，这应当是曲贡遗址发掘的重要收获之所在。

五、向青铜文明的门槛迈进

在曲贡遗址首次发掘就要进入尾声时，我们突然有了意想不到的新发现，在我的发掘日志上记录这个发现的时间是1990年9月15日。

由于时差的关系，上午的发掘在10时才开工，要持续到午后2时才结束。那天临近中午的时刻，在太阳正开始以它最大的威力散发能量时，发掘也在紧张有序地进行着。我正盯着面前的探方，观察着地层上的些微变化，突然身后传来呼唤我的声音，待回过头去，同事古方已经站到了面前。只见他将握着的手掌慢慢展开，我看到那掌中竟是一枚带着铜锈的箭镞！要知道当时的发掘已进入遗址堆积的底层，按照一般的判断，是不应该有这样的铜器出现的，会不会是地层扰动出了问题？

铜镞出自古方负责的103号探方，它埋藏在12号灰坑内。古方说这个灰坑的层位很清楚，确属遗址的下层，没有见到扰乱的迹象。铜镞是由民工从灰坑中取出来的，古方在拿到它时心里也直犯嘀咕，难怪他马上将这意想不到的发现告诉了我。我们雇来帮助发掘的民工，多是来自曲贡村与附近其他村子的藏民，由于他们多数都不懂汉语，我们还得依靠翻译员进行交流。虽然语言上有障碍，但发掘工作的进展却非常顺利，藏民们在发掘中非常认真，细小的文化遗物都逃不过他们的眼睛。眼看他们将探方内的蚂蚁用铁锹小心翼翼地铲到"安全地带"时，耳听他们劳作中齐唱民族歌谣时，你会感到莫名的新奇；看着他们用大筛细心筛取泥土中的碎小文化遗物的神态时，看着他们将一件文物标本欣喜若狂地从地层中捧出来时，你又会生出无言的感激。曲贡的发掘，有这些藏族民工的功劳。

这枚铜镞是与大量的打制石器共存的，它在雪域高原的腹地出土，确实是一个让人难以置信的发现，我们作为发掘者，没有做好接受这个发现的思想准备。也难怪在一次新闻发布会上，一些藏族学者对这个发现也感到不易于接受，因为人们在过去努力构建的藏学体系中，并没有留下一个合适的位置来容纳它。

这枚铜镞形体端正扁平，短铤，边锋微弧，刃缘锋利，长3.7厘米、宽1.4厘米、厚不到0.1厘米，造型明显是仿自更早的骨镞。遗址还出土过一件形制相近的磨制玉镞。铜镞送交北京科技大学冶金史研究室进行了鉴定，经用扫描电镜结合X射线能谱仪测定，铜镞为锡铜合金，含锡量为12.51%，含铜量为83.67%，属于配比相当规范的青铜。同时进行的金相观察证实，铜镞为铸造青铜组织。这个结果让我感到意外，我在发掘现场见到它时，被它平薄的形态迷惑，直观地认定它应当是通过锻打的工艺制成的，原料则不排除为自然铜。

冶金史专家对这枚铜镞最终的鉴定结果是：铜镞系铜锡合金铸造而成，原料为冶炼所得，不是自然铜。

当拿到专家对铜镞的鉴定报告时，我有点不相信自己的眼睛，心情之激动自不待言，我为自己因此铜镞表现出来的对西藏古代文明的发展程度估计过低而惭愧。后来我在一篇先后刊发在《中国文物报》和《人民日报》等报纸上的新闻稿中，是这样评述曲贡的重要发现的：

> 曲贡遗址青铜镞的发现意义重大。首先是它的时代与中原夏文化和早商文化相当，但这肯定不会是西藏地区开始使用铜器的时代，应当还能追溯得更早一些。其次是铜镞为消耗品，以铜铸镞表明当地当时的青铜冶铸业已有了相当的发展。其三是铜镞合金成分配置合理，表明当时已有较为发达的冶金科学理论。其四是铜镞形态较为原始，遗址中还见到形状相同的玉镞，表明它应属当地产品，不大会是传入品。据此可以初步推定，在距今4000年前后，生活在西藏高原的藏族

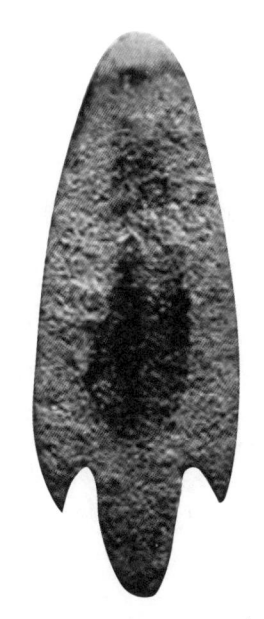

曲贡遗址出土的铜镞

先民已经迈开了跨入青铜时代的步伐。

由拉萨曲贡遗址的发掘，自以为应当可以做出这样的判断：西藏腹地雅鲁藏布江中游地区在公元前2000年的时代，已经开始向青铜文明的门槛迈进。

六、埋葬与信仰

看到山野的天葬台和天空盘旋的秃鹫，藏族人现代流行的葬式已是我们熟识的了。不过我们还知道，在吐蕃时代盛行土葬，"入土为安"的观念与中原并无二致。那么高原的土葬风俗又起源于什么时代呢？曲贡遗址的发掘表明，曲贡人实行的已经是土葬制度了。

埋葬制度体现了灵魂不死的观念，曲贡人采用埋葬的形式安置亡灵。他们将墓穴掘成方形或长方形，用选择过的石块垒成墓室，石块垒成的墓室象征死者生前的居所。葬式有曲肢葬和二次葬，有单人葬，也有合葬。合葬墓以实用陶器随葬，单人葬没有见到随葬品。

古代民族无不生活在自己创造的多神的世界里，人们用自己造出的众多神灵统摄着心灵，打发着艰难的岁月。曲贡人自然也不例外，他们也拥有自己的精神生活天地，他们有原始的宗教仪式，有表明自己信仰的特殊方式。

曲贡人在大量的石器上涂有红色，石器的砾石面上和石片疤上都能见到红色，有的石器是斑斑点点，有的则是通体涂红。涂红石器比例相当大，占到了全部石器的五分之一以上。遗址同时还出土了大量制作红颜色的研色盘，还有专用于盛储红色颜料的小陶瓶和借作调色盘使用的大陶片。经鉴定红色颜料为赤铁矿粉末，色泽鲜艳耐久。红色在史前人的眼中，是生命与力量的象征，过去在世界各地的史前遗址中也发现过一些器具涂红和人骨涂红的例证，不过像曲贡人这样在大量的打制石器上涂红，以前还没有见到过。曲贡人崇奉红色信仰，在石器上涂红，也许是想赋予石器以力量，这体现了他们在同大自然的抗争中所做出的一种特别的努力。

曲贡遗址还发现了人祭和牲祭遗迹。曲贡人有牲祭习俗，以动物作为牺牲，祭祀神灵。发掘时在灰坑和地层中，发现了完整的狗的骨架和秃鹫的骨架，这应当是牲祭遗存。在两座灰坑中还发现了完整的人的骨架和环切的颅盖骨，这可以认定为人祭遗存。我们不能确知的是这样的人祭与牲祭是基于什么动机，当时祭祀的对象究竟是什么。对于一些重要的神灵，古代人类常用贡献生命的方式来表明自己的虔诚，人祭正是这种虔诚最高的体现。

曲贡人还通过陶艺体现自己的信仰。出土的两件陶艺作品非常引人注意，一件是浮塑的猴面，另一件是捏塑的鸟首。猴与鸟都是古代藏族怀有特别感情的动物，通过陶艺表现它们的形象，不会是寻常的艺术品。

曲贡遗址出土的陶猴面

每次告别雪域，离开高原，都有一种割舍不下的心情。去过西藏的人，都会有同样的雪域情怀，它会让你时常挂牵，时常想起。点上一支从拉萨八廓街捎来的七色香，在袅袅升腾的香气中翻看着蓝天、白云、冰峰和寺庙占据主要画面的照片，雪域让我们感受到的不仅有太阳的温情与刚烈，有冰雪的寒冷与高洁，还有氧气的可爱与可贵，更有人际的友情与温馨。

曲贡遗址的海拔为3680到3690米，比拉萨城高出30多米，比之前发掘的昌都卡若遗址高出500多米，是中国正式发掘的海拔最高的一处史前文化遗址。它被评为1991年度全国十大考古发现之一。

我不能忘记先后参与西藏考古工作的同伴，他们是赵慧民、古方、唐际根、刘建国、陈超、李存信、王浩天、薛玉尧、黄大路、卢引科等十余人，直接参与曲贡遗址发掘的外单位人员还有李永宪、赤丹格列、姚云书、旺堆次仁、张燕等。真诚感谢他们的精诚合作，我们共同揭示了雪域高原古代文化中的部分精彩篇章，有了一个共同的回忆，这是一个不会忘却的记忆。

从卡若到曲贡

——西藏高原新石器文化

西藏高原的考古工作，20多年来取得了明显进展，新收获不少。新收获来自两个途径：一方面是在国家文物局的部署下，在高原全区开展了全面深入的文物普查，发现了许多新文物点；另一方面是有关单位对一些重点遗址进行了大规模的考古发掘，对高原古代文化面貌有了不少新认识。西藏地区考古取得的成绩，主要体现在史前考古和吐蕃时期考古两个层面上，史前考古又以新石器文化的发现与研究更为系统。特别是20世纪70年代对昌都卡若和90年代对拉萨曲贡两个重点遗址的发掘，开拓了新视野，确立了认识西藏地区新石器文化的两个重要界标，在西藏高原的考古研究中具有重要意义。

卡若遗址的发掘和曲贡遗址的发掘引起了考古学界和藏学界的普遍关注。史前西藏的遥远已为20世纪的田野考古所触及，雪域高原史前文化的神秘已开始被考古学家破解。

作为曾经深入被称为"世界第三极"的青藏高原进行田野考古调查和发掘的一分子，作为发掘拉萨曲贡遗址的主持人的我，于实践中对西藏考古获得了一些直观的认识，虽然这样的认识一时还没有升华到应有的高度，不过就心力所及，许多思考也可以说是历经反复了。这里就将我由卡若和曲贡遗址出发对西藏新石器文化的一些思考报告给读者，以纪念20世纪中国考古学界最有影响力和号召力的高大而平和的布衣学者苏秉琦先生。

一、卡若与曲贡

西藏地区的新石器文化，现在经过命名的只有卡若文化和曲贡文化，分别以昌都卡若遗址和拉萨曲贡遗址为代表性遗址。卡若文化分布在藏东北地区，曲贡文化分布在雅鲁藏布江中游地区，两个文化分布的地域不同，在文化内涵上有明显区别，在年代上也有较大距离。

昌都卡若遗址1978—1979年由四川大学和西藏自治区文物管理委员会联合发掘，是西藏地区第一次科学发掘的古文化遗址，海拔为3100米。卡若遗址位于西藏昌都东南约12公里处的澜沧江东岸，遗址面积约10000平方米，发掘面积为1800平方米。卡若遗址发掘出一座保存不完整的史前居址，发现石墙、房址、道路、灰坑、石台和石圆圈等遗迹，出土文化遗物有玉器、石器、骨器和陶器，还有不少动物骨骼及小米遗存。卡若遗址作为西藏境内首次正式发掘的史前聚落遗址，丰富的收获引起了学术界的广泛关注。

卡若遗址的文化内涵丰富，有很多独具一格的特点，它是探讨西藏高原史前农耕文化发展的非常重要的依据。卡若遗址出土的生产工具中石器占多数，也有一些玉器和骨器。石器中打制石器、磨制石器和细石器共存，以打制石器为主。打制石器类型有铲状器、切割器、斧形器、锄状器、尖状器、敲砸器、砍砍器、刮削器、石钻、矛和镞等。遗址出土了一定数量的细石器，类型有尖状器、雕刻器等，还有较多细石叶，见有典型船底形、楔形、柱形和锥形细石核。磨制石器和玉器较少，采用穿孔和抛光技术，制作相当精致，有条形斧和锛、凿，长方形和半月形刀镞、重石、磨盘等，带刃器多为偏刃器。出土的骨器数量也不少，品种较多，以尖刺类器具为主，磨制精细。主要器型有锥、针、刀梗等，以骨锥数量为最多。

卡若人的生活用具主要是陶器，器型比较简单，全为平底器，器耳不发达，主要有小口罐、高领罐、折腹盆、曲腹盆、直腹盆和碗等。陶质全为夹砂陶，以灰色陶和黄色陶为主，也有红陶和黑陶，表面多经磨光。陶器的纹饰用剔刺、刻划、拍印、彩绘等方法表现，纹样多见平行线纹、方格纹、菱形纹和绳纹等。

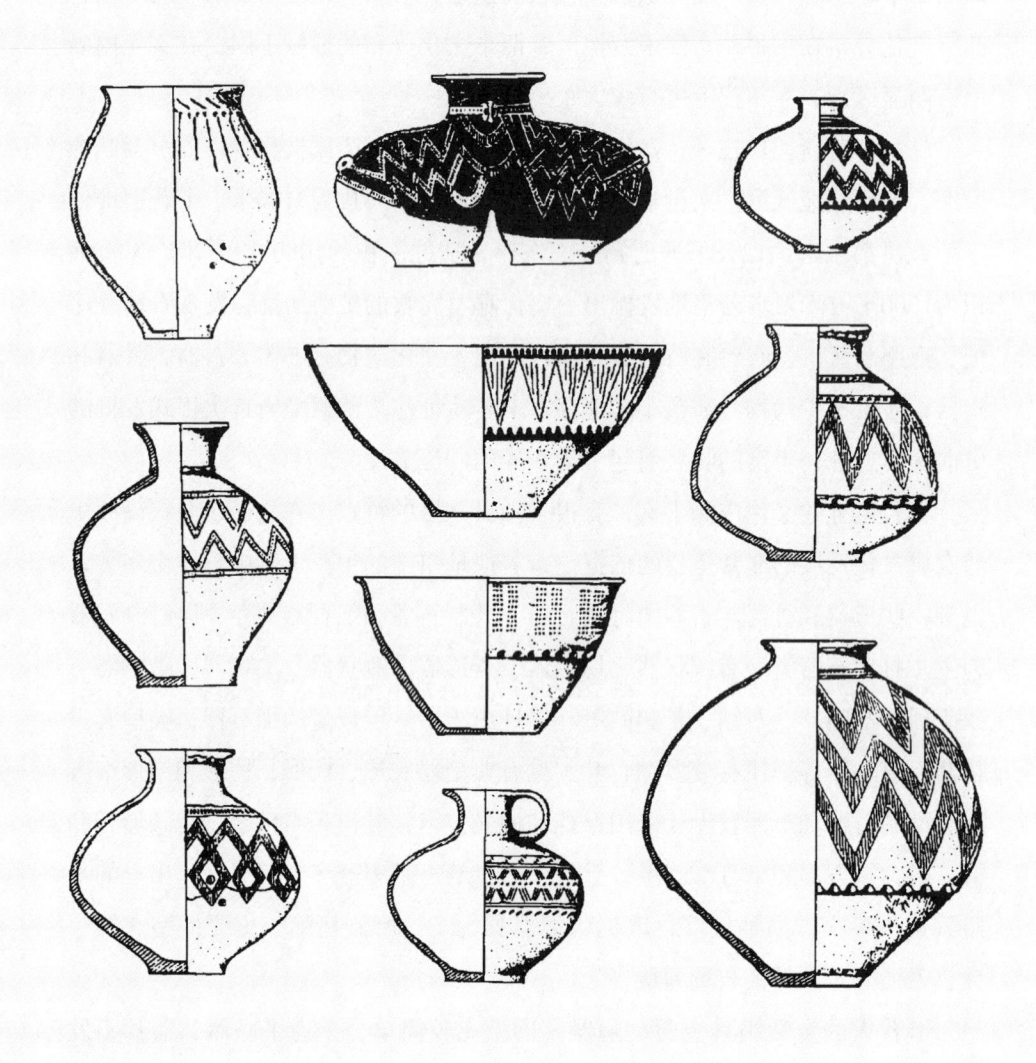

卡若文化陶器

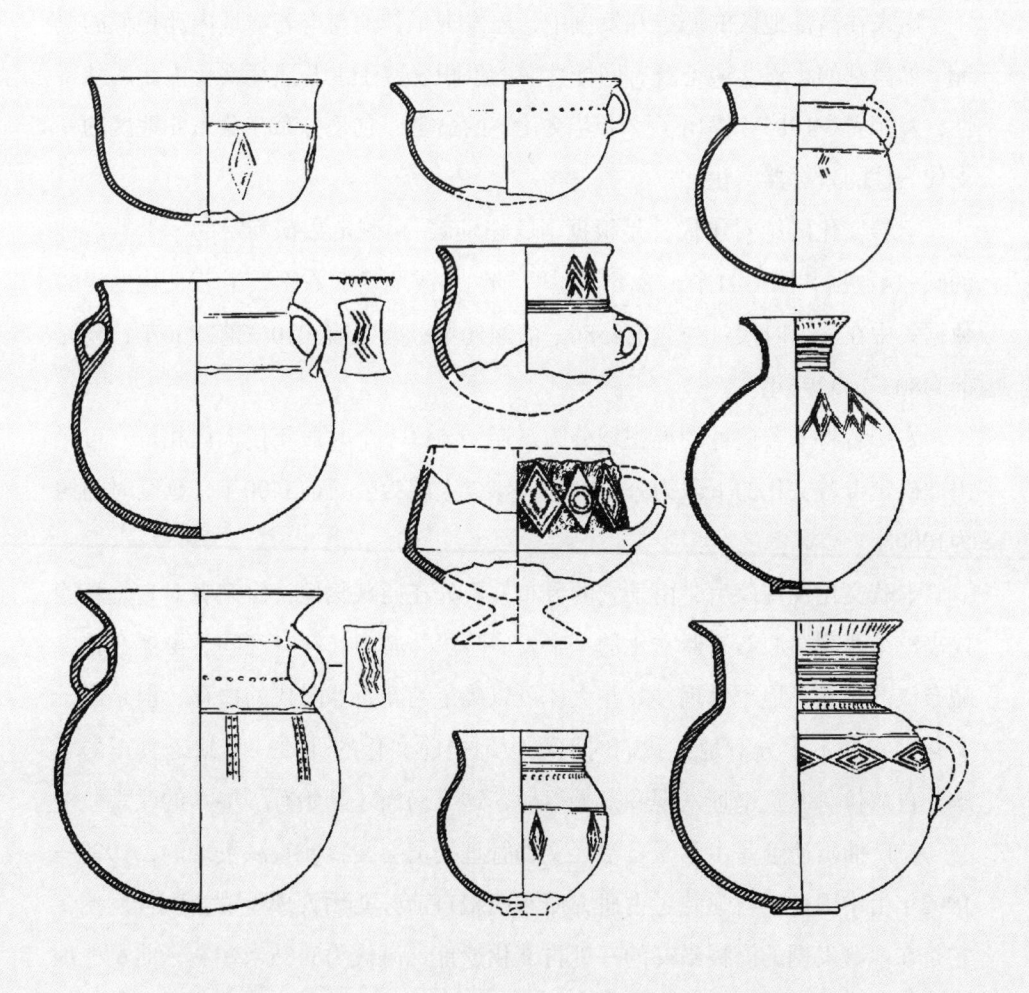

曲贡文化陶器

卡若人在建筑中大量采用石块，构筑房屋、道路、石台和石圆圈。卡若遗址发现房屋基址28座，平面有方形的，也有圆形的，有半地穴式和平地建筑，也有考古上罕见的楼屋遗迹。

卡若遗址没有发现墓葬。

后来在昌都地区的调查和发掘中，还发现了其他与卡若遗址内涵相似的遗址，如昌都的小恩达遗址就有同样性质的堆积。鉴于卡若遗存文化内涵的独特性，发掘者在1985年提出了"卡若文化"的命名，它是分布在藏东北地区的一支代表性的新石器文化。

卡若文化的绝对年代，是根据卡若遗址碳-14测定数据确定的。卡若遗址的碳-14数据共测得41个，舍弃少量明显偏早或偏晚的数据，卡若文化的年代数据集中在三个时段：公元前2580—前2450年；公元前3030—前2850年；公元前3380—前3296年。

发掘者将卡若遗址的堆积划分为三期，与这三个时段年代大体相符。可以由此确定卡若文化的下限为公元前2400年，上限为公元前3400年，延续时间约为1000年。

卡若文化发现以后，由于它的分布并不处在西藏腹地，研究者对它是否能代表整个西藏高原新石器文化的一个发展阶段，心中尚存有疑问。虽然在雅鲁藏布江的林芝等地也发现过一些大体可以确定为新石器时代的遗存，但是由于文化面貌并不十分清楚，我们对西藏腹地史前文化的性质一直缺乏真正的了解。自从拉萨曲贡遗址发现和发掘以后，这一局面才开始有了根本的改观。

拉萨曲贡遗址是由西藏自治区文物管理委员会文物普查队发现的，1990—1992年由中国社会科学院考古研究所和西藏自治区文物管理委员会联合发掘，它是在西藏发掘的海拔最高的一处古文化遗址，海拔为3685米左右。曲贡遗址位于拉萨城以北的拉萨河谷边缘，面积约10000平方米，发掘面积为3000多平方米。清理的遗迹主要有灰坑和墓葬两类，出土的遗物有石器、骨器、陶器、小件铜器以及大量的动物骨骼。曲贡遗址是西藏腹地乃至全国发掘的海拔最高的史前遗址，而且又在拉萨市郊，因此它的发掘引起了学术界的重视，被评为1991年度全国十大考古发现之一。

曲贡遗址的文化内涵，表现出许多独有的特点，它为我们展示了西藏高原腹地一支远古农牧部落的文化，为探索雅鲁藏布江中游河谷地带的开发史提供了十分重要的资料。曲贡遗址发掘出的生产工具以石器为主，也有一定数量的骨器，还发现了青铜工具。

石器中打制石器占绝大多数，以石片石器为主。石片石器普遍采用预加工技术制作，先在石核体上整形修刃，工艺简练。打制石器主要类型有敲砸器、砍砸器、砍斫器、斧形器、凿形器、切割器、刮削器、尖状器、尖琢器、石钻和石镞等。见到少量细石器标本，多见细石叶，不见典型细石核。出土的磨制石器和玉器很少，但制作十分精致，采用了穿孔和抛光技术，主要器型有梳形器、锛、镞、刀、齿镰、重石、研色盘、磨盘与磨棒等。

骨器具有一定数量，品种比较丰富，锋刃磨制较精。主要器型有锥、针、镞、笄、饰牌、刀、梳形器等，其中以骨锥数量为最多。

曲贡人的主要生活用具是陶器，主要器型有单耳罐、双耳罐、高领罐、大口罐、圈足碗、豆、盉、单耳杯、圜底钵等，多见圜底器，不见平底器。陶质以夹砂灰褐色、黑色、褐色为主，很少红陶和红褐陶，还有磨光黑陶。陶器的装饰采用磨光、磨花、剔刺、刻划等工艺，不见拍印纹饰。纹样多见菱格纹、重菱纹、戳点纹、划纹、折线纹、三角纹、圆圈纹、网纹、附加堆纹等。

小件铜器仅见扁叶形箭镞一枚，器形规整，刃缘锋利。

曲贡遗址还发现了人祭和牲祭遗迹。墓葬发现有土坑石室单人曲肢葬、二次葬和二次合葬，以实用陶器作随葬品。

曲贡遗址虽然发掘到不少灰坑，但没有发现居住遗迹。

曲贡文化的年代，从文化内涵的比较研究上看，晚于卡若文化。碳-14测定的年代数据也表明，曲贡文化遗存明显晚于卡若文化遗存。曲贡遗址的碳-14数据，目前已测得六个，经树轮校正并对数据进行分析后，大体可以确定曲贡文化遗存的年代下限为公元前1500年左右，上限为不晚于公元前1750年。推测这个上限还不是曲贡遗存实际上的最早年代，估计还可以上推到距今4000年前。

后来的调查发掘还证实，与曲贡遗址文化内涵相同的遗址，在雅鲁藏布江中游河谷地带还有一些发现，如贡嘎县的昌果沟遗址和琼结县的邦嘎村遗址，都见到性质相近的文化堆积，表明这是具有一定分布范围的富有特点的古代文化遗存。早在1985年在初步调查和试掘的基础上，曲贡遗址的发现者就提出了命名"曲贡文化"的建议。我们在经过更大规模的发掘和进一步研究以后，也赞同命名为曲贡文化的意见，将曲贡文化遗存作为西藏腹地一支具有代表性的晚期新石器文化看待。

这样，我们拥有了卡若和曲贡两支新石器文化，填补了西藏地区史前考古的空白。卡若文化绝对年代在距今5400至4400年之间，曲贡文化的年代约为距今4000至3500年，两者在年代上不相接续，不存在直接的文化源流关系，它们是两个有些关联又互为区别的文化类型。卡若与曲贡虽然分属于两个文化，在时空两方面都存在明显区别，但它们同是分布在西藏高原，同属新石器时代，对研究高原史前文化具有同等重要的意义。

二、史前工艺与技术传统

通过对卡若文化和曲贡文化中西藏史前工艺和技术传统的考察，我们对西藏史前文化的一些基本特点获得了比较清晰的印象。我们考察的重点是石作与陶作工艺技术，还要考察冶铜术和建筑术，其他方面则不拟涉及。

1. 石作工艺技术

石作工艺技术的考察，可分为打制石器（细石器）、磨制石器（玉器）两大类，以打制石器的制作为重点。

卡若石器的构成，是打制石器、细石器和磨制石器三个类型。

童恩正先生主要通过卡若遗址的资料，对西藏史前的石作工艺特点进行了归纳。他说西藏地区的石片打制石器，均采用锤击法打片，多由破裂面向背面加工，器型以砍器、边刮器、尖状器为常见，风格与华北打制石器技术传统接近，表现出的地域特点是石片的相邻两边采用了错向加工方法。这里的打制砾石石器，如砍器、敲砸器、边刮器和穿孔石器等，还明显带有华南砾石工艺特征。卡若切割器的局部磨刃技术，也是南方新石器文化常见的。这些证据说明，西藏打制石器技术兼有南北传统工艺，这很值得进一步研究。童恩正先生还注意到，在卡若石器中有少数是在石核体上先修理出所需的外形，然后打片成器，只对刃缘稍做修理而不必进一步整形便可使用，如部分切割器和端刮器就是采用这种技术制成的。这种预加工的打制石器技术，在欧洲称为"勒瓦娄哇技术"，成熟于旧石器时代中期。

童恩正先生还认为，在以卡若文化为代表的西藏细石器中，船底形、楔

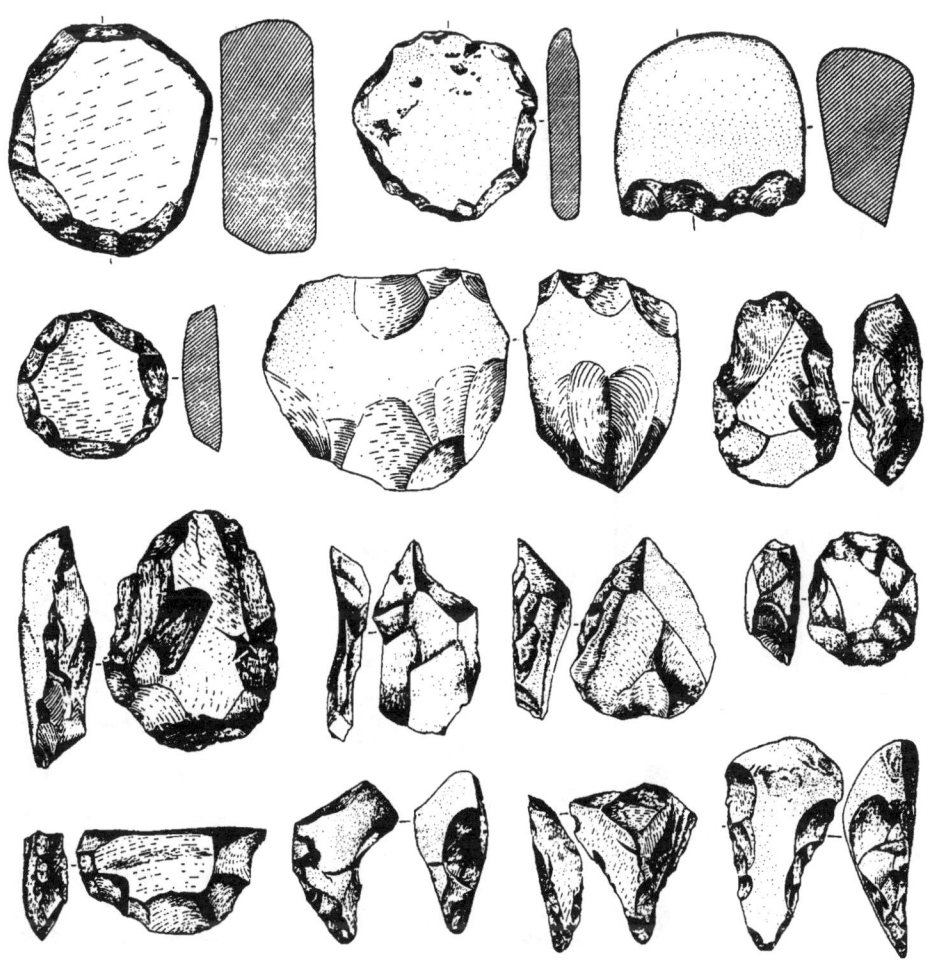

卡若文化打制石器

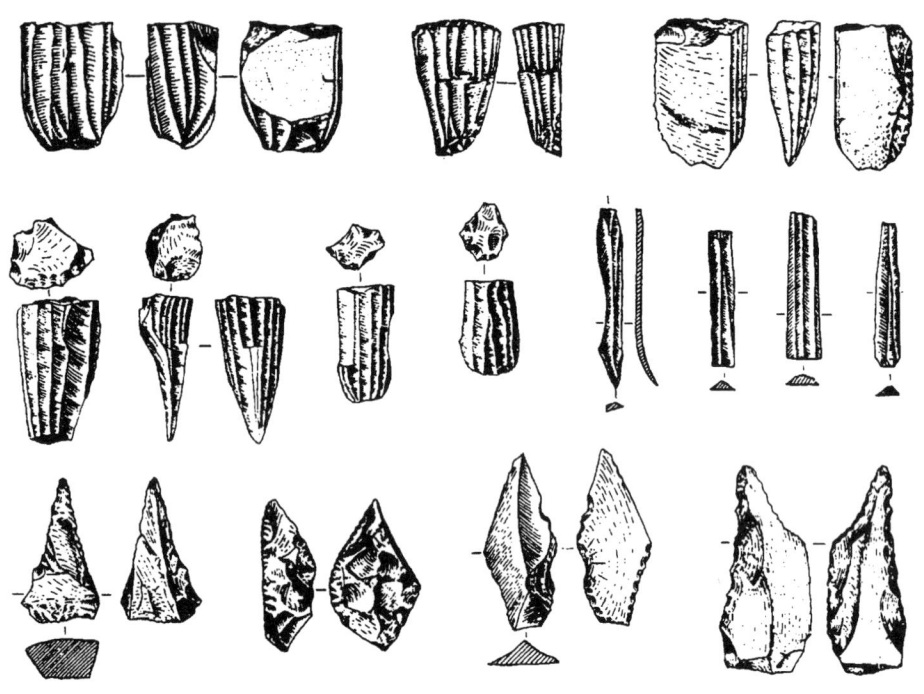

卡若文化细石器

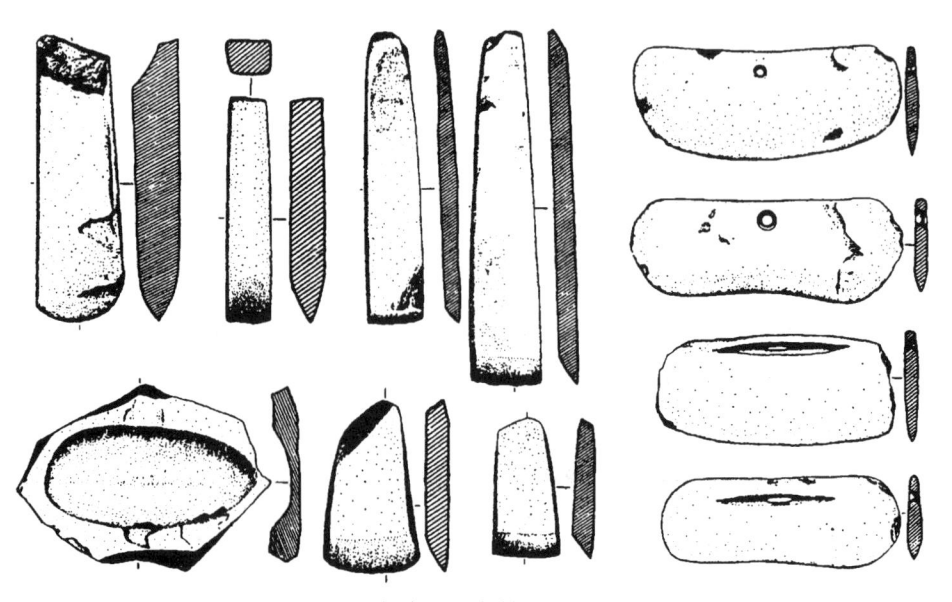

卡若文化磨制石器

形、锥形和柱形石核和与这些石核相关的各式石片及石镞、尖状器、雕刻器、边刮器等细石器，大体属于华北地区的细石器工艺传统，而不同于欧洲等地的几何形细石器传统。

除卡若遗址外，西藏地区还发现了其他一些细石器地点，它们多数可能都属于新石器时代。但是由于这些资料基本都不是科学发掘所得，进一步研究目前还有一定困难，所以本文不拟涉及。

曲贡文化的石器除细石器不发达且不典型外（仅占石器总数的3.2%），其他方面与卡若石器有不少明显的相似点，工艺技术属于同一传统，在某些方面有了新的发展。

曲贡文化的石器中打制石器占绝大多数，材料多为就地选取的砾石，主要采用锤击法打片。打制石器以石片石器为主，普遍采用预加工的"勒瓦娄哇"工艺制作，先在核体上整形修刃，工艺简练，工艺较卡若文化更为成熟。曲贡遗址的许多石片石器都不见二次加工痕迹，原因正在于此。也见到一部分精细加工的石片石器，从器形到刃缘都经过反复修理。

曲贡发现的不多的磨制石器除具备一般的打琢磨光等工艺特点外，也还有一些独特之处。如锉齿技术得到较好发挥，梳形器和刀镰上的齿列整齐、齿槽划一。又如石磨盘和磨棒在使用光滑后，要在磨面进行琢打加工以保持糙面，目的是提高磨具的效率。石器的钻孔采用了锥钻、打琢和锉切技术，有时是数法并用。发现的不多的玉器采用了抛光技术，器表光滑润泽。

卡若磨制石器的占比同曲贡相比要高一些，整体数量仍然不算多，但是制作水平却很高，切、琢、磨和钻孔工艺运用得非常熟练。部分石器只磨光了刃部，锛、凿和切割器等多数器形为单面磨制的偏刃，还见到一些两端刃器。卡若部分生产工具和装饰品取材于硬玉，这些玉器的制作工艺与磨制石器相同，与曲贡玉器一样也采用了抛光工艺，器表光润，棱角平直。

讨论石作工艺技术，我们不能回避这样几个问题：虽然铜器已经出现，也掌握了石器和玉器的精磨技术，但西藏史前时代晚期生产工具的主体为何仍然还是大量的打制石器？西藏高原新石器时代晚期比较发达的石作工艺技术，为什么在石器制作上没有得到普遍运用？实际上这些技术在运用上还显示出一种

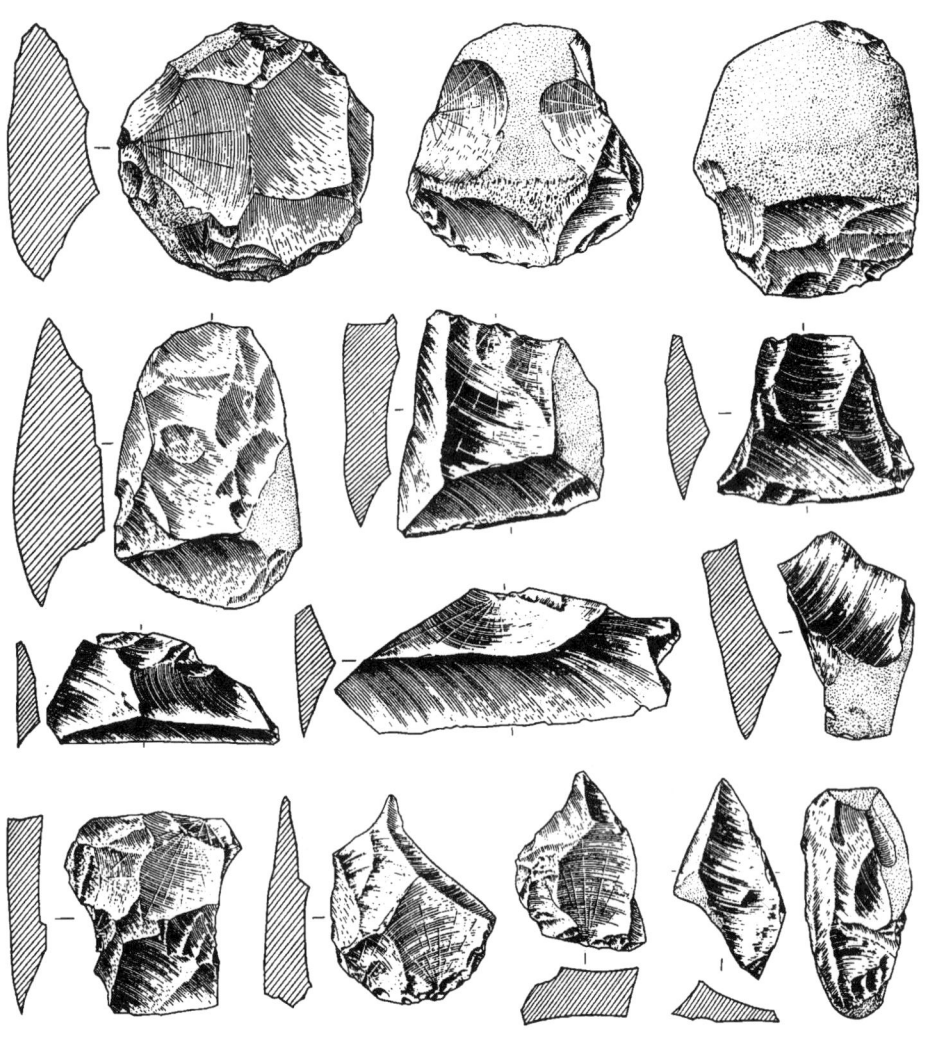

曲贡文化打制石器

逐渐衰落的趋势，卡若遗址磨制石器的数量便表现出从早期至晚期逐渐减少的规律，年代晚近的曲贡遗址磨制石器更少。

简单的打制石器工艺技术，伴随着磨制石器技术的出现，一直延续使用到冶铜技术的出现，这种情形在西南地区有一定的相似性，不过在西藏地区显得更为突出，西藏新石器文化中的打制石器占石器总数的比例高到85%（卡若）

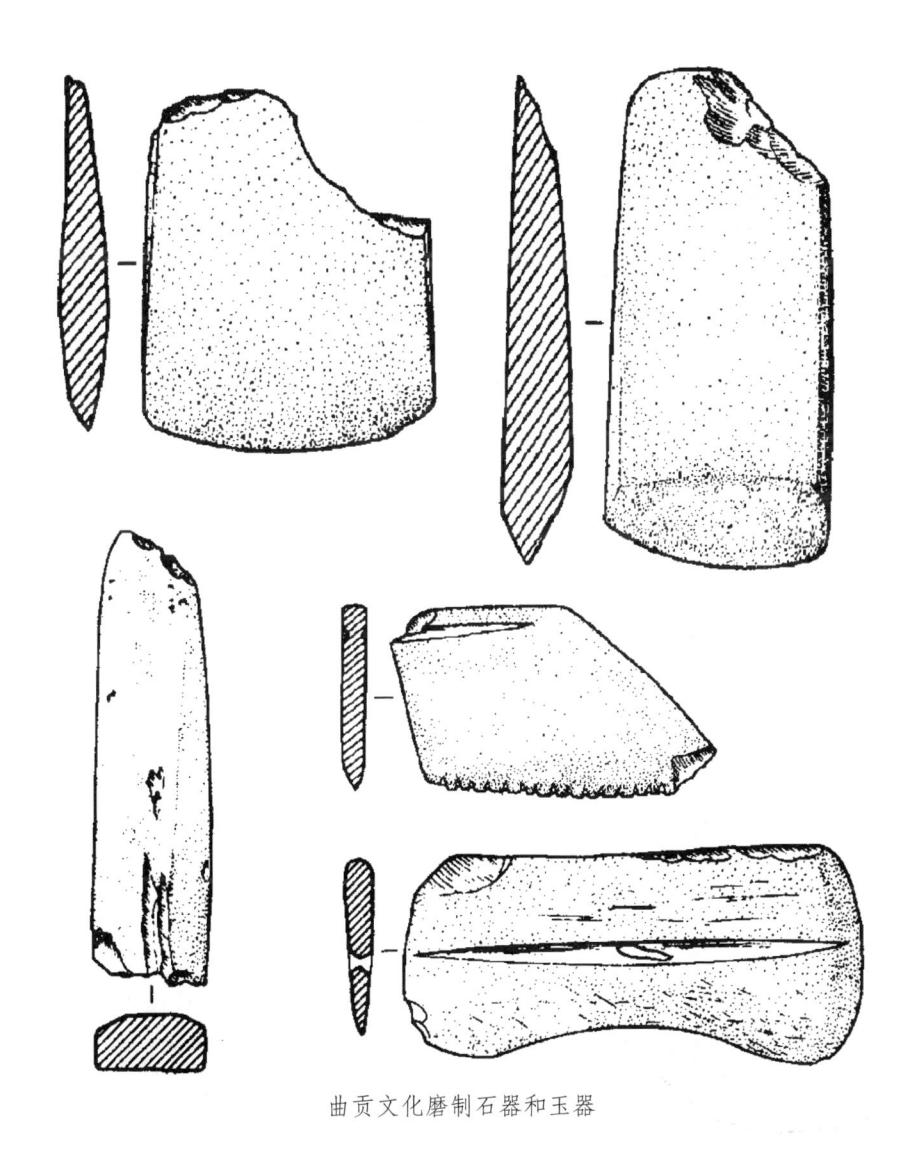

从卡若到曲贡——西藏高原新石器文化

曲贡文化磨制石器和玉器

和95%（曲贡）。童恩正先生在卡若遗址发掘结束后，就注意到这样一种现象，他在《西藏考古综述》一文中写道："根据卡若遗址发掘的资料，粗糙的打制石器、细石器和磨制新石器、陶器并存，乃是西藏（至少在其东部地区）新石器时代一大特征。"我们对这一特征的形成，还缺乏透彻的解释。有一些研究者曾试图由经济形态的变更上求得答案，但并没完全解决问题，因为在某

骨镞　　　　　　　玉镞　　　铜镞
曲贡遗址出土箭镞

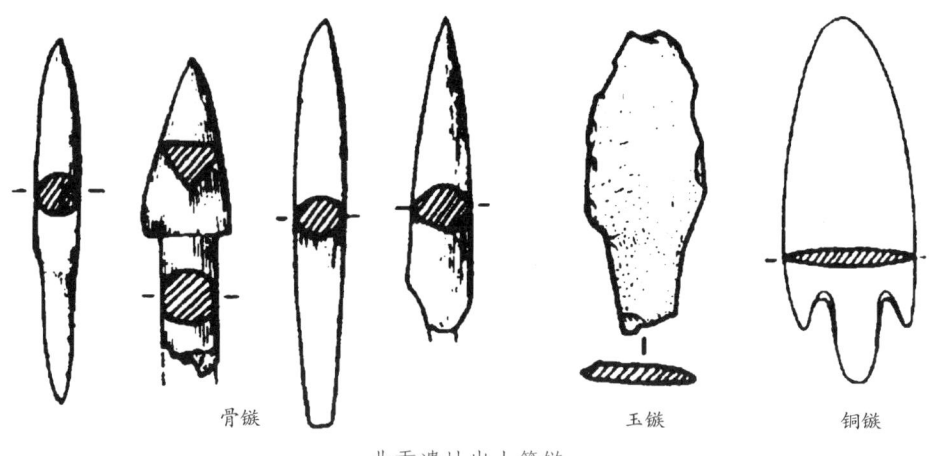

一遗址看这答案可能是正确的，但从整体而言却不一定完全如此。西藏地区新石器时代这种打制和磨制石器的特殊比例现象，需要从更多的角度来进行研究，可能还存在其他的背景和原因。

2. 冶铜技术

曲贡遗址出土了一枚青铜箭镞，时代约当中原夏商之际。铜镞为扁平叶形，与同出的玉镞器形相似，可以确定为当地制作。

这枚铜镞形体比较端正，左右对称，扁平形，短铤，边锋微弧，刃缘锋利，长3.7厘米、宽1.4厘米、厚不到0.1厘米。铜镞送交北京科技大学冶金史研究室进行了鉴定，最终的鉴定结果是：铜镞系铜锡合金铸造而成，原料为冶炼所得，不是自然铜。

曲贡遗址铜镞的发现意义重大：首先是它的时代与中原夏文化和早商文化相当，但可以肯定这不会是西藏地区开始使用铜器的时代，应当还能追溯得更早一些；其次是考虑到铜镞为消耗品，以铜铸镞表明当地当时的青铜冶铸业应当有了相当的发展；其三是铜镞合金成分配置比较合理，表明当时已有较为成熟发达的冶金科学理论；其四是铜镞形态较为原始，遗址上还见到形状相同的玉镞，表明它应属当地产品，不大会是传入品。据此可以初步推定，在距今

4000年前后,生活在西藏高原的藏族先民已经迈开了跨入青铜时代的步伐。

曲贡遗址铜器的出土,是西藏地区发现早期青铜器的开端,我们相信随着本地区考古工作的进一步开展,早期铜器一定会有更多的发现。

3. 制陶工艺

从卡若文化和曲贡文化的制陶工艺中,大体可以窥见西藏史前时代末期制陶业的发展水平。

卡若文化陶器均为手制,质地较粗糙,烧制火候不高,器表颜色不纯正,以灰色和黄色为主。所有陶器均为夹砂陶,器表多经打磨,但并不很光滑。

卡若多数陶器外表都装饰有各种纹饰,部分陶器外表饰满纹样,相当数量的陶器上的纹饰占到器表的一半。纹饰按制作方式划分,主要有刻划纹、绳纹、附加堆纹、剔刺纹、篦纹、篮纹和彩绘。其中以刻划纹所占比例为最高,纹样有平行线纹、菱形纹、三角纹、连弧纹和涡纹等。值得注意的是,绳纹所占比例也较大,绳纹陶片占到全部陶片的14%以上。彩陶发现不多,纹样有三角折线和菱形纹,与同类的刻划纹并用。

卡若所见陶器全为平底器,极少器耳等附件,器型主要为罐、盆、碗三类,以罐类器为多,一般器体较大,细分为小口鼓腹罐、高领罐、深腹罐、大口罐、双体罐等。盆类器多敞口深腹,主要有折腹盆、曲腹盆、直腹盆和深腹盆四种。碗类器较小,为平底敞口,分直口碗和侈口碗两种。

同卡若文化相比,曲贡文化的制陶工艺又有了新的提高。曲贡人拥有更高水平的制陶技术,采用了手制轮修技术,陶器的成型、装饰、焙烧都显示出较高的水平。

曲贡文化的陶质以夹砂灰褐色、黑色、褐色为主,很少红陶和红褐陶,有十分精美的磨光黑陶。陶器的装饰采用磨光、磨花、剔刺、刻划等工艺,不见拍印纹饰。一般不见全器装饰纹样的陶器,简洁的纹饰多构成一条并不很宽的纹样带。纹样多见菱格纹、重菱纹、戳点纹、划纹、折线纹、三角纹、圆圈纹、网纹、附加堆纹等。曲贡绝不见绳纹,也没有彩陶。

曲贡人制陶采用的磨花装饰工艺,是一种非常精湛的工艺,过去国内史前考古还不曾有过类似的发现。这种工艺是把陶器表面打磨光亮后，再磨出糙面作为底纹，使保留下来的光面构成素雅的图案。这种无彩的装饰胜于有彩，是曲贡人独到的艺术创造。

在曲贡和卡若两个遗址，都没有发现陶窑遗迹，所以关于西藏地区史前时代陶器的焙烧技术目前还无从进行研究。卡若遗址的发掘者认为卡若人还没有掌握陶窑技术，采用的是一种相当原始的露地烧制技术。当然，这还只是根据不足的一种推测。我们认为曲贡人应当已经掌握了熟练的陶窑焙烧技术，虽然没有直接的证据来支持这个认识，但从能够烧制火候很高的磨光黑陶来看，这种可能性是应当存在的。

4. 建筑技术

曲贡遗址没有发现建筑遗迹，推测应是以土木石构建筑为主要居住方式，估计与卡若文化晚期的建筑形式相去不会太远。目前我们只能从卡若遗址发现的建筑遗迹来了解西藏新石器时代建筑技术的发展水平，这些丰富的建筑遗存大体可以看作西藏史前建筑文化的集中代表。

卡若遗址发现了较多的建筑遗迹，我们通过这些居住遗迹看到了卡若人较高的建筑技术发展水平，也看到了藏族传统建筑技术的渊源之所在。卡若遗址的房屋居住遗迹一共发现了28处，根据建筑形式的不同，可以划分为圜底式房屋、半地穴式房屋和地面房屋三种类型。从建筑平面区分，还有圆形和方形的不同。三种建筑形式以圜底式数量为最多，是一种圜底式地穴居址，面积多数较小，一般在10—16平方米，只有一座超过20平方米，地穴平均深度在30厘米左右，个别深过50厘米。半地穴式房屋数量略少，平面为方形或长方形，面积大小区别很大，一般在11—16平方米，地穴深30—60厘米，个别深近1米。地面房屋建筑数量较少，平面为方形，面积一般在20—30平方米，最大的一座双室建筑达70平方米。

据卡若遗址发掘者的分析，卡若三种类型房屋的建筑技术，就主要方面而言大体相同。建筑的第一步是处理地基。地面建筑要平整地面，上面要铺垫一二层细土；地穴式建筑则是先挖掘一个竖穴或圜底地穴，地穴大小一般与

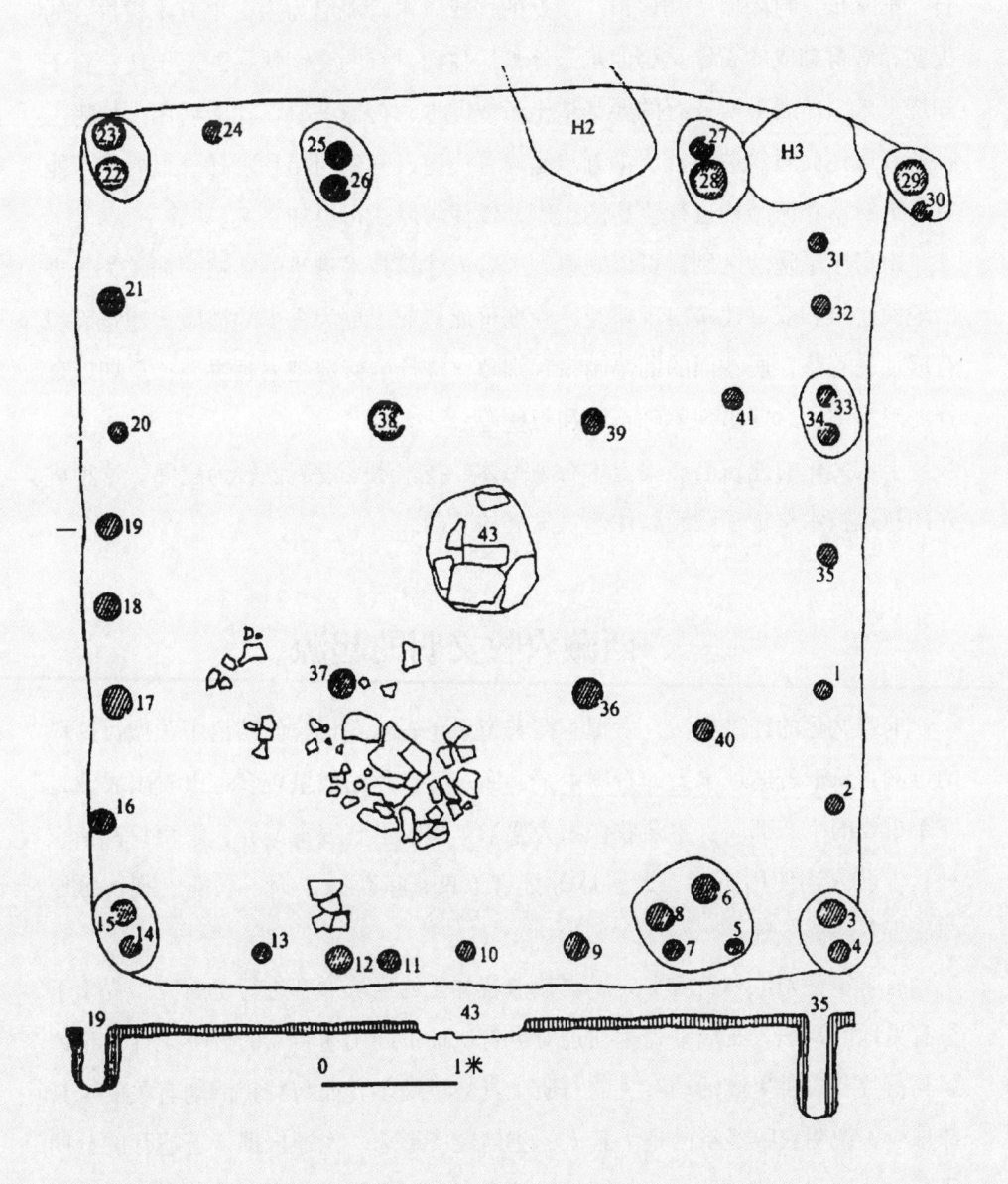

卡若遗址F20平面图、剖面图

设定的居住面积接近。第二步是立柱搭起框架。立柱前要挖好柱洞，放置柱础石。第三步是封闭墙壁和房顶。墙壁的构成以木骨泥墙为主，也有木板拼合的板壁和砾石砌成的石墙。第四步是修整居住面。有的要铺垫一二层土块、石子和烧土末，然后砸实；有的要铺垫土石或圆木，再抹一层草拌泥后用火烧烤。在整修居住面时筑造烧灶。第五步是修葺门道，修建门槛和阶梯。最后还可能有一道对草拌泥结构进行烧烤的工序，以使房屋变得更加坚实。

由房屋早晚的区别，可以观察到卡若人建筑技术进步的轨迹。如较为先进的地面建筑和双室建筑出现略晚，晚期可能建成了更为进步的楼屋，建筑面积有增加的趋势，居住面的铺垫越来越细致，烧灶的修造越来越讲究；早期以草拌泥墙为主，后期出现了砾石墙和板壁等。

卡若文化的建筑已经集土木石为一体，技术水平发展已较为成熟。这种成熟的建筑技术奠定了藏族居住建筑发展的基础。

三、西藏农牧文明的起源

卡若文化的经济生活，发掘主持者童恩正先生在报告的结语中曾做过这样的推测：从卡若遗址出土的石器中铲、锄、刀、斧的数量较多可以看出农业是一个重要的生产部门，主要农作物为粟米；当时已有家畜饲养，家畜只有猪一种；卡若人还使用石矛、镞、球等狩猎工具，猎获狐、獐、马鹿、狍、藏原羊、青羊、鬣羚等。

后来霍巍先生和石应平先生也就卡若文化的经济形态进行了研究，提出了很有见地的认识。石应平先生通过对卡若遗址不同用途石器的分类统计，论证了与畜牧和农耕生产活动有关的石质工具数量最多，而与狩猎活动有关的工具却很少，说明农牧经济已是卡若人的主体经济形态。他还根据卡若遗存的分期研究，认为"卡若遗址早、中期的经济形态是以锄耕农业为主并辅之以狩猎活动和家畜饲养，中期达到鼎盛。而从早期到晚期，与畜养活动有关的因素始终持续增长并在晚期占据了主要地位，但仍经营着部分农业生产，这似乎意味着其经济形态正在发生转变，可能正是原始畜牧经济的生长点"。

卡若人的农作物为谷子，遗址发现了一些保存很好的植物种壳，经中国科学院植物研究所的专家鉴定是农作物谷子。童恩正先生在《昌都卡若》中这样写道："卡若遗址发现的农作物是粟米，粟米性耐干旱，是黄河流域的传统农作物，南方较少种植。卡若文化的粟米，很可能是从马家窑文化传播而来。"这种传播的可能性是存在的。

让我们有些不解的是，卡若遗址出土的动物骨骸没有明确支持研究者关于卡若人畜牧经济确立的论证，我们不知道卡若人大量饲养的到底有哪些家畜。卡若遗址出土了一些猪的骨骸，鉴定者认为其个体比野猪小，牙齿构造比野猪简单，都属老年或幼年个体，所以确定为饲养的家猪。卡若的家猪的饲养可能也受到了黄河流域新石器文化的影响，当然考古所获的资料还不算丰富，目前要做出十分肯定的结论还做不到。卡若遗址出土的动物骨骸数量仅次于猪的是牛骨，研究者没有具体的鉴定分析，我们不知这些究竟是什么牛，是家牛或是野牛，是黄牛还是牦牛。在将所有哺乳动物划分为饲养和猎获两个类别时，鉴定报告竟忘掉了大量牛骨的存在，将它排除在这两类动物之外。卡若遗址出土的羊骨，有藏原羊和青羊两种，鉴定者明确指明它们都是猎获物，表明卡若人放牧的家畜中没有羊。如果我们武断一点来判断，卡若人规模放养的家畜可能非牛莫属了。

我们曾对曲贡人的经济形态做出过这样的推论：选择拉萨河谷地带聚居的曲贡人，已经有了以农耕为主、畜牧为辅的经济生活传统。曲贡人有大量的砍伐类石器，可用于砍伐灌木丛、开垦河谷地带的土地，还有不少切割类的石器，可用于谷物的收割。特别引人注意的是，曲贡遗址还出土了大量的石磨盘和石磨棒，它们是捣碎谷物的必备工具。这些磨盘多数形体很大，有的一个人搬动非常费力，它们原先可能是放置在居址内固定位置上的，不会经常挪动。磨棒一般为椭圆状的馒头形，正好握在掌中。这种磨具的臼窝很深，一般都经过较长时间的使用，应当是用于捣碎谷物的，它们让我联想到曲贡人的主食可能为面食。

当时种植的农作物品种并不清楚，可能是青稞之类。孢粉分析的结果表明，当时的气候比现代要湿润一些，较有利于农作物的生长。过去藏汉文献记述西藏腹地的农耕文化出现很晚,曲贡遗址的发掘证实,西藏腹地农耕文化的出现,不会晚于距今4000年前。

曲贡人在农耕之余,还驯养家畜以补充生活来源。曲贡遗址出土的大量兽骨中,经鉴定属于家畜的有牦牛、绵羊和狗。牦牛和绵羊这两种家畜遗骸的出土,表明农牧结合的经济模式在西藏地区很早就出现了。当然这两种高原家畜驯化成功的年代,肯定要早于曲贡人生存的年代。

曲贡人在农牧之外,另一个重要的经济来源是狩猎。遗址不仅出土了大量的狩猎工具,也发现了许多野生动物的骨骸,有马鹿、麝、野猪、藏野驴和涉禽等。在灰坑中还发现了一些鱼骨,表明渔捞也是当时的一种辅助经济手段。

与畜牧经济相关联的发现,值得说道的还有梳形器,它有排列均匀的小齿和便于抓握的手柄,多用石料精磨而成,先后出土十多件。梳形器表明曲贡人有了建筑在畜牧经济基础上的毛织工艺,他们已经能生产毛毯之类的御寒产

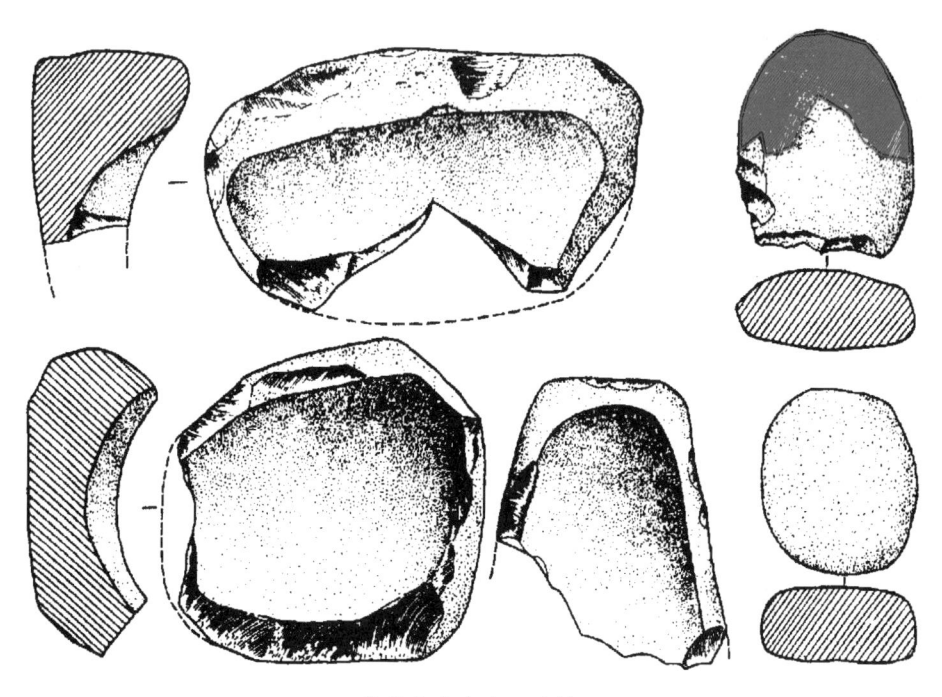

曲贡文化磨盘、磨棒

品。类似的梳形器在新疆、甘肃和青海地区的古文化遗址中也有一些发现，这不是偶然的现象，它表明古代西部民族拥有相似的毛织工艺。

我们知道，西藏高原由于其特殊的地理因素，决定了它发展农耕文化的巨大难度。用现代的眼光看，整个西藏地区适宜农耕的土壤面积也是很小的，就是这样少的土地，由于受地形、水源和气候的影响很明显，开发的难度也是很大的，所以研究者对西藏农耕文化起源的年代估计一般都比较保守。根据《卫藏通志》的说法，西藏雅鲁藏布江河谷地带的农耕文明是公元2—3世纪时才开始出现，主要栽培作物是青稞等。还有资料表明，西藏农耕文化是随着文成公主的入藏而在唐代时出现的，这个说法就更为保守了。卡若文化和曲贡文化的发现，让我们看到了西藏农牧文明新的源头。我们可以由已有的考古发现将西藏农牧文明的起源追溯到距今5000至4000年前或更早。谷子、青稞的种植和牦牛、绵羊、狗、猪的驯养，这是目前我们所知的高原早期农牧文明的主要内

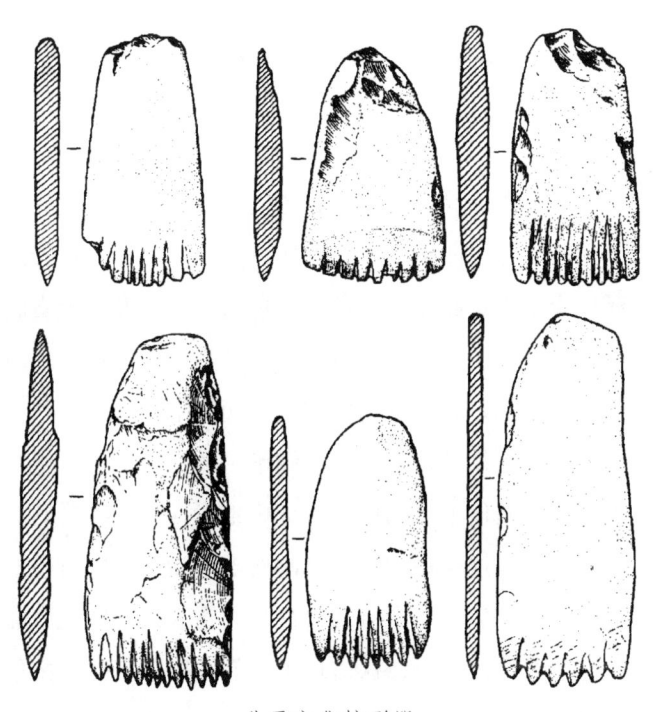

曲贡文化梳形器

容。这样一个经济模式和生业方式传统的建立，奠定了古代高原文明发展的基础，也奠定了高原居民经济生活模式的基础。

四、原始崇拜与信仰

在近代和当代西藏，佛教作为全民宗教，是人们确立信仰的一个基本出发点，我们知道这个传统早在吐蕃时代便已经确立了。在佛教传入吐蕃之前，高原居民信仰的是本教，这是一种原始宗教，是在史前时代开始形成的一种精神生活规范。过去研究者对西藏原始宗教的考察，都是根据记述很不系统的藏汉文献，自卡若遗址和曲贡遗址发掘以后，人们才获得了直观的资料，对西藏原始宗教的内容有了真切的认识。

在创造物质生活的同时，生活在史前的藏族先民不断丰富自己的精神生活。他们有原始的宗教仪式，有表明自己信仰的特殊方式。在曲贡遗址发现的相关资料较为丰富，这些资料有尚红、人祭、牲祭和埋葬遗存，在陶艺上也有表现。

1. 自然崇拜——尚红

曲贡人在大量的石器上涂有红色，石器的砾石面上和石片疤上都能见到红色，有的石器是通体涂红。曲贡涂红石器比例很大，占全部石器的五分之一以上。遗址同时还出土了大量制作红颜色的研色盘，还有专用于盛储红色颜料的小陶瓶和借作调色盘使用的大陶片。按照这样的生产规模估计，曲贡人制作的红色颜料可能还会运用到更大范围的器物上，而不限于涂红石器。经鉴定，这些石器上的红色颜料为赤铁矿粉末，色泽鲜艳耐久。

过去在中国和世界其他地区的史前遗址中也发现过一些器具涂红和人骨涂红的例证，不过像曲贡人这样在大量的打制石器上涂红，以前还没有见到过。红色在史前人的眼中，是生命与力量的象征。曲贡人崇奉红色信仰，在石器上涂红，也许是想赋予石器以力量，这体现了他们在同大自然的抗争中从物质和精神两方面所做的一种努力。

史前曲贡人尚红的传统，给后来高原居民的精神生活带来了深远的影响。吐蕃时代的文献《玛尼宝训》有吐蕃"以赭涂面为好"的记述，在《于阗教法史》中，吐蕃人就被直呼为"赭面人"。《新唐书·吐蕃传》也有吐蕃人"衣率毡韦，以赭涂面为好"的记述，而且还提到文成公主"恶国人赭面，弄赞下令国中禁之"。这种以赭石涂红脸面的风俗，自然不会因为文成公主的不喜欢而真正禁绝。不仅如此，这种风俗甚至还由雪域传播到长安，成为女妆时尚。白居易有诗云"元和妆梳君记取，髻堆面赭非华风"，所咏《时世妆》正是指此风俗。事实上这一风俗在高原一直流传到了当代，在西藏一些地区仍保留着妇女赭面的风俗。

2. 动物崇拜——猴与鸟

艺术在史前时代是人类表达信仰的一个非常重要的形式，曲贡人就通过陶艺表现自己的信仰。出土的两件陶艺作品非常引人注意，一件是浮塑的猴面，另一件是捏塑的鸟首。猴面是陶器上附贴的装饰，高高的额头，圆圆的双眼，长鼻阔嘴，泥塑形象非常生动传神。另一件鸟首为圆雕，也是陶器上残损的部

曲贡遗址出土的鸟首

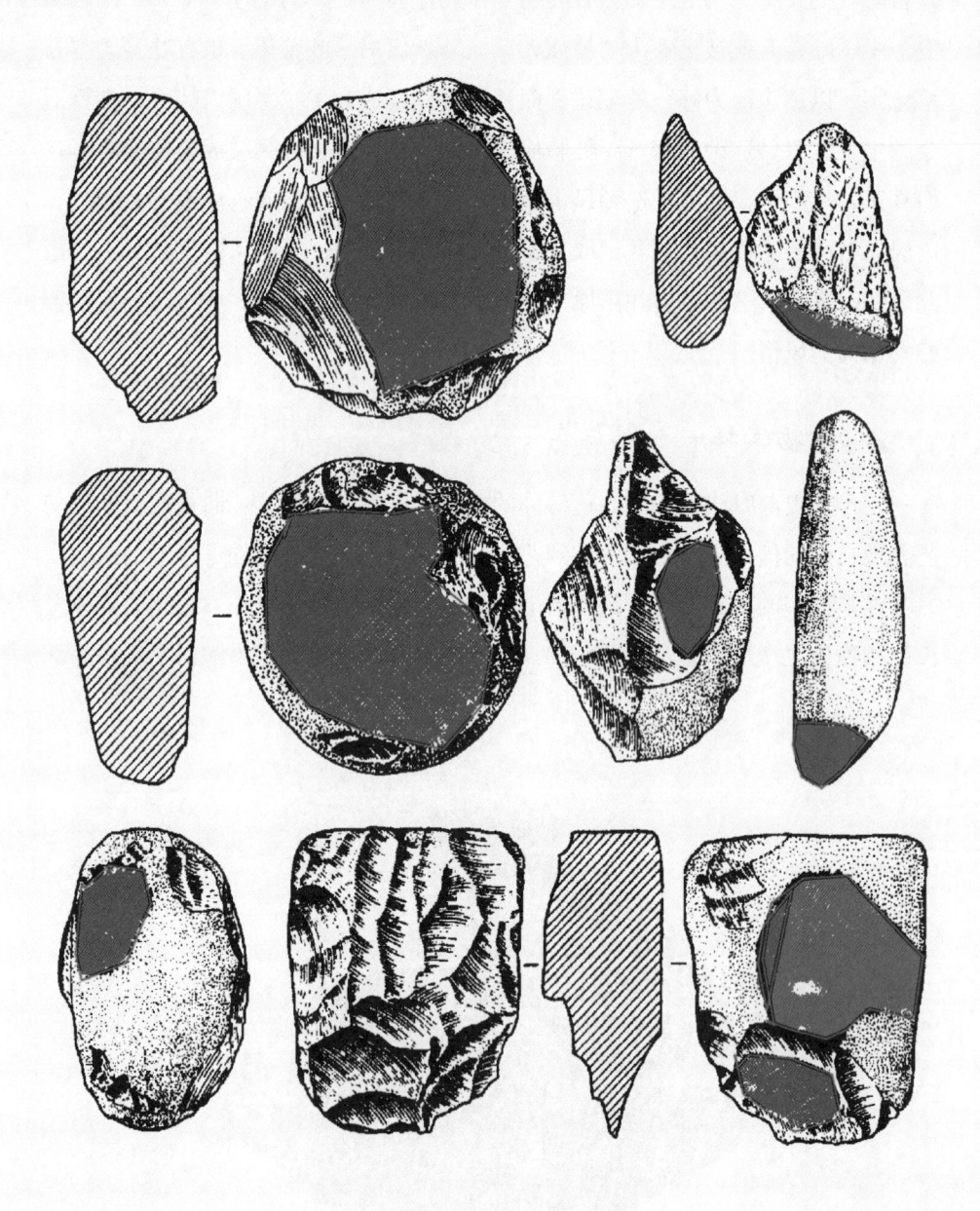

曲贡文化涂红石器

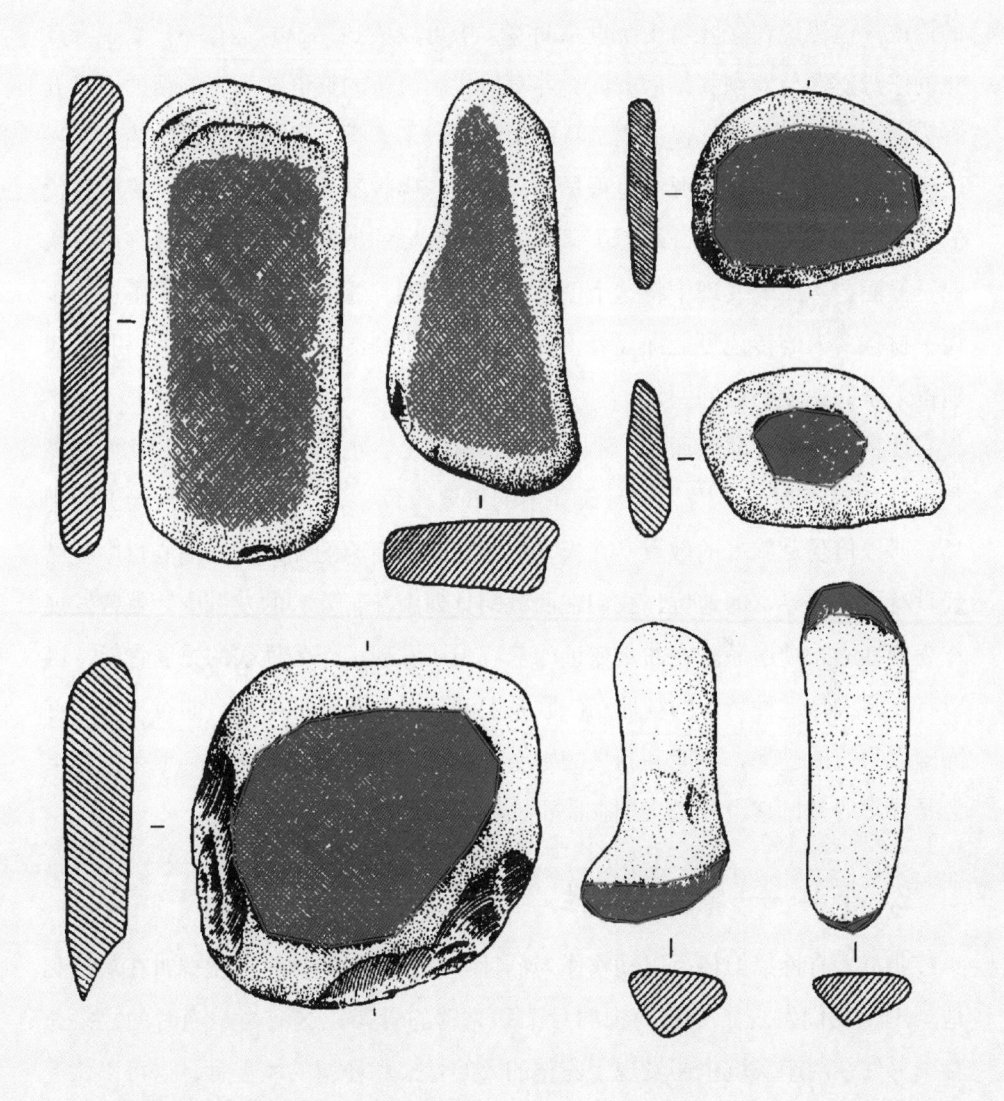

曲贡文化石研色盘、研色棒

件，像是器盖的盖钮。

猴与鸟都是古代藏族怀有特别感情的动物，通过陶艺表现它们的形象，不会是寻常的艺术品。在藏族具有创世纪意义的神话中，有妇孺皆知的猕猴变人的传说。这传说在《吐蕃王统世系明鉴》中可以读到，说的是有一只受观音点化的修行猕猴与罗刹女结为夫妇，养育后代。饥饿的猴群在观音的帮助下以五谷为食，肤毛脱落，学操人语，从而由猴变成了人类。虽然这传说中明显融入了佛教成分，但它的起源当是很早的，原本与佛教不会有什么关系。藏族古代的这个猕猴变人的传说，培养了藏族先民对猕猴的特别情感，我们或许可以从曲贡猴面艺术品的发现中将这个创世纪神话追溯到遥远的史前时代。更进一步说，猕猴变人的传说可能保存着藏族远古动物崇拜的影子，也许是图腾制时代遗留下来的一个遥远的回忆。

动物崇拜对于藏族而言，不仅表现在猕猴上，也表现在其他一些动物如鸟类上。如对于秃鹫，因为它是天葬中的重要角色，是引导死者进入天国的神鸟，所以倍受藏族人的敬重。在天葬流行之前，高原的秃鹫在人们心目中就已经具有了非同寻常的地位，我们在西藏朗县列山吐蕃墓葬的发掘中，就曾发现作为殉牲的秃鹫遗骸。在曲贡遗址的灰坑中还发现了作为牲祭的秃鹫骨架，可以将高原人与这种特殊的高原鸟的联系上溯到更为久远的年代。曲贡出土鸟首陶塑因为残损过甚，不能判断鸟的种属，还不能确定是否为秃鹫，但至少它不会是寻常的鸟，它也许是飞翔在曲贡人心灵中的吉祥鸟。

3. 祭典——牺牲与人牲

曲贡人有牲祭习俗，以动物作为牺牲，祭祀心中的神灵。发掘时在灰坑和地层中，我们发现了完整的狗的骨架和秃鹫的骨架，这应当是当时的牲祭遗存。另外在两座灰坑中还发现了完整的人的骨架和环切的颅盖骨，这可以认定为人祭遗存，而且说明当时的人牲还不仅仅是偶尔为之。当然，我们不能确知曲贡人进行这样的人祭与牲祭是基于什么动机，不能确定当时祭祀的对象究竟是什么。对于一些重要的神灵，如天神、地母等，古代人类常用贡献生命的方式来表明自己的虔诚，人祭正是这种虔诚最高的体现。

古代民族无不生活在自己创造的多神的世界里，人们用自己造出的众多神灵统摄着心灵，打发着艰难的岁月。曲贡人自然也不例外，他们也拥有自己的精神生活天地，他们有原始的宗教仪式，有表明自己信仰的特殊方式。人牲在各地的原始宗教中都有表现，它是人类社会发展到一定阶段的宗教现象。高原本教中也有人牲祭典仪式，这从曲贡遗址的发掘中得到了印证。

还值得提到的是，卡若遗址曾发现过一些石台和石圆圈遗迹，它们的用途没有得到解释。由于这种遗迹看不出有日常生活方面的用意，我们有理由将它们纳入精神生活领域进行考察，也许它们是卡若人的一种固定的祭祀场所。

4. 埋葬制度

我们知道，西藏地区现在流行的处理死者的方式是天葬，它是与藏传佛教相关的一种特别的葬仪。但西藏在吐蕃时代是盛行土葬的，"入土为安"的观念与中原并无二致。那么高原的土葬风俗又起源于什么时代呢？曲贡遗址的发掘表明，曲贡人实行的已经是土葬制度了。

埋葬制度体现了灵魂不死的观念，曲贡人采用埋葬的形式安置亡灵。他们将墓穴掘成方形或长方形，用选择过的石块垒成墓室，石块垒成的墓室象征死者生前的居所。葬式有曲肢葬和二次葬，有单人葬，也有合葬。合葬墓以实用陶器随葬。曲贡人的石室葬，是西南地区所见的年代最早的同类葬制，是目前所知的这一地区石葬的最早渊源。

曲贡遗址发掘的三座墓葬中的五位死者，死亡年龄最大的为45岁，最小的为3岁，平均年龄为24岁。虽然这个统计有明显的局限性，但在一定程度上还是能体现当时生活的艰难状况的。

五、高原居民的种族类型

西藏高原由于地理位置上的独特性，它所包孕的古代文化引起学术界的普遍关注是很自然的。与此同时，学者们也开始关注高原古代文化的创造者，这也是很自然的事。对高原古代居民的种族类型进行研究，成了考古学需要探索的一个非常有意义的课题。

一些人类学家关注过西藏居民的种族类型，曾由活体材料出发进行过研究。根据他们初步研究的结论，现代藏族中至少存在可以辨识的两个基本的人类类型，概括称之为长颅型和短颅型，前者分布于西藏东部地区，后者主要分布于西藏南部地区。东部颅类型形体高大，康巴人就是典型的代表；南部短颅型个体稍小，日喀则一带的居民为典型代表。研究者还注意到，在东、南两个类型之间，并不存在一个绝对分明的界限，而是在地理上表现出一种渐变趋势，这个变异方向是由东北向西北延伸的，并且这个变异趋势可能有更早的原始形态背景，不是晚近时代的混血过程造成的。

对于这种变异趋势可能具有的更早的原始形态背景，由于考古资料的缺乏，过去实际上并不清楚到底是怎样的。卡若遗址因为没有发掘到墓葬，没有发现人骨，所以无法进行种族类型研究，我们也就不可能直接得知卡若人的体质特征。不过，如果卡若人不是由他地迁入的，可以推测他们应当就是东部高大的长颅型藏族先民的祖先。童恩正先生根据传统和文献的记述，赞同过去藏族来源有两个传统的说法。所谓两个传统，一是原住民，他们自旧石器时代开始就居住在高原，是一种游牧和狩猎部族；一是自葱岭南下的氐羌系统的民族，他们经营农业。他认为："以后西藏的种族和文化，有可能就是以这两者为主体，再接受其他的因素综合而形成的。"童恩正先生还由卡若遗址出土骨笄推定卡若人有椎髻习俗，由此认定卡若人与河湟一带的羌族有别，卡若文化是一种吸收了西北氐羌系统文化而发展起来的土著文化。

曲贡文化的发现，为了解高原史前居民的种族类型提供了新资料。曲贡遗址出土的一具人的完整头颅骨，人类学家鉴定认为属中长颅型，接近现代藏族人的东部类型。这是东、南两个类型之间的过渡类型，这种变异形态与曲贡遗址的地理位置相关联，这表明过去研究者对这种人类学地理变异趋势的估计是正确的。由此可以确定曲贡人是拉萨河谷地带的原住民，他们创造的文化为高原腹地的古代土著文化，高原的原始文化并不是由外部移入的，而是在本土孕育发展起来的。

西藏高原考古所获古代人骨标本数量有限，过去流行藏族族源"氐羌说"

和"印度说",也有人持"土著说",看来土著说的推论有更合理的一面,相信在今后一定会得到更多资料的支持。

六、余论

卡若文化和曲贡文化在文化性质、年代和地域上都有明显区别,但是它们也有不少相似之处。对于卡若与曲贡文化的异同,通过石器和陶器我们比较的结果是这样的:

首先,两个文化的打制石器有相同的技术,都采用石片石器的预加工技术,曲贡文化的技术更为成熟,运用也更为广泛。石器器型也有不少相同或相似,如一些类型的斧形器、切割器、尖状器、敲砸器、刮削器、石刀、石矛、重石等都见到类似的器型。但是曲贡文化极少磨制石器和细石器发现,并不典型的细石器标本在数量上仅占全部石器的3.2%;卡若文化的磨制石器数量稍多,细石器标本非常典型,而且数量也比较多,占到全部石器的10.8%。

其次,两个文化的陶器装饰手法有相似的传统,都采用有刻划、剔刺和压印手法。装饰纹样也有雷同,如两个文化都见到菱格纹、重菱纹、三角折线纹、涡纹和剔刺纹等。

两个文化的陶器群不同,器型区别较为明显。曲贡文化陶器以圜底带耳器和圈足器为主要造型特征,不见平底器;卡若文化陶器以小口鼓腹平底少耳为主要造型特征,不见圈足器和圜底器。在装饰风格上两个文化也表现有明显的区别,如曲贡文化陶器质地细腻,器表光滑,纹饰较为简练,少见复合纹饰,不见彩陶,有精致的磨花工艺;卡若文化陶器质地粗糙,纹饰草率繁复,复合纹样较多,有彩陶,有曲贡文化陶器所不见的绳纹、篮纹、箆纹等。

将这两个文化的异同合并起来观察,我们对高原新石器文化就有了较为清晰的印象。当然,从卡若到曲贡,远不是西藏史前文化的全部,也不是西藏新石器文化的全部,这一地区的文化发展序列还不清楚,即便这两个文化的源流也并没有机会考察清楚。

在雅鲁藏布江中游地区,虽然发现了一些打制石器和细石器地点,有一些可以肯定属于旧石器时代和早期新石器时代，但由于缺乏科学发掘过程，还不能就这些地点的石器标本进行准确的分期，所以一时还不能确知早期和中期新石器文化面貌是怎样的，因此关于这个地区新石器文化的发展序列，目前暂时还没能建立起来。正因为如此，曲贡文化和卡若文化的来源一时也就不能准确说明。这样就提出了一个非常重要的学术课题，应当尽快建立起西藏地区新石器文化序列。在卡若文化和曲贡文化分布地域以外的地区，新石器文化的面貌也还不是很清楚，一些零星的发现尚无法构建起初步的文化体系，所以填补这大面积的区域空白，就成了又一个重要的学术课题。只有在这样的时空缺陷得到填补以后，在西藏考古获得更多新的关键性资料以后，我们对西藏地区新石器文化的了解才会更准确一些，也更全面一些。

生命之色

——西藏拉萨曲贡遗址涂红石器解析

打制石器在旧石器时代结束以后，有些器类还要延续使用很长一段时期，在有些地区可能要延续使用至整个新石器时代，甚至到了青铜时代初期，还能找到打制石器技术传统依然存在的证据。

西藏地区的新石器文化在这一点上表现更为突出，打制石器技术仍在普遍使用，磨制石器所占比例很小。卡若文化磨制石器占石器总数的8.8%，而已经有了冶铜技术的曲贡文化，虽然时代晚于卡若文化，可是所见打制技术似乎更为普遍，磨制石器只占到石器总数的1.5%。这种现象确实耐人寻味。

更值得注意的是，曲贡人对打制石器倾注了更大的热情，他们在许多器形的不同部位染上了鲜艳的红色。曲贡遗址出土的石制品有万余件，在重点观察研究的一千多件打制石器中，涂红石器在数量上要占到五分之一以上。这些涂红石器十分显眼，它们多数制作较精，有明显的使用痕迹。

涂红石器几乎包纳了所有打制石器器类，在数量上又以石核石器为多，石片石器稍少。由于器形的关系，石核石器上的涂红面积较大，而石片石器上的涂红面积较小。涂红的器类主要有敲砸器、砍斫器、切割器、刮削器和尖状器等，还有少数砾石器具和磨制石器上也涂有红色。

敲砸器和砍斫器上的涂红面较大，而且多涂抹在器表所保留的砾石面上，少数涂在石片疤上。石片石器上的红色多数涂在较大的破裂面上，以长圆形和长条形色块为主，似乎是直接用手指蘸色涂上去的，轮廓比较清晰。

045

守望昆仑

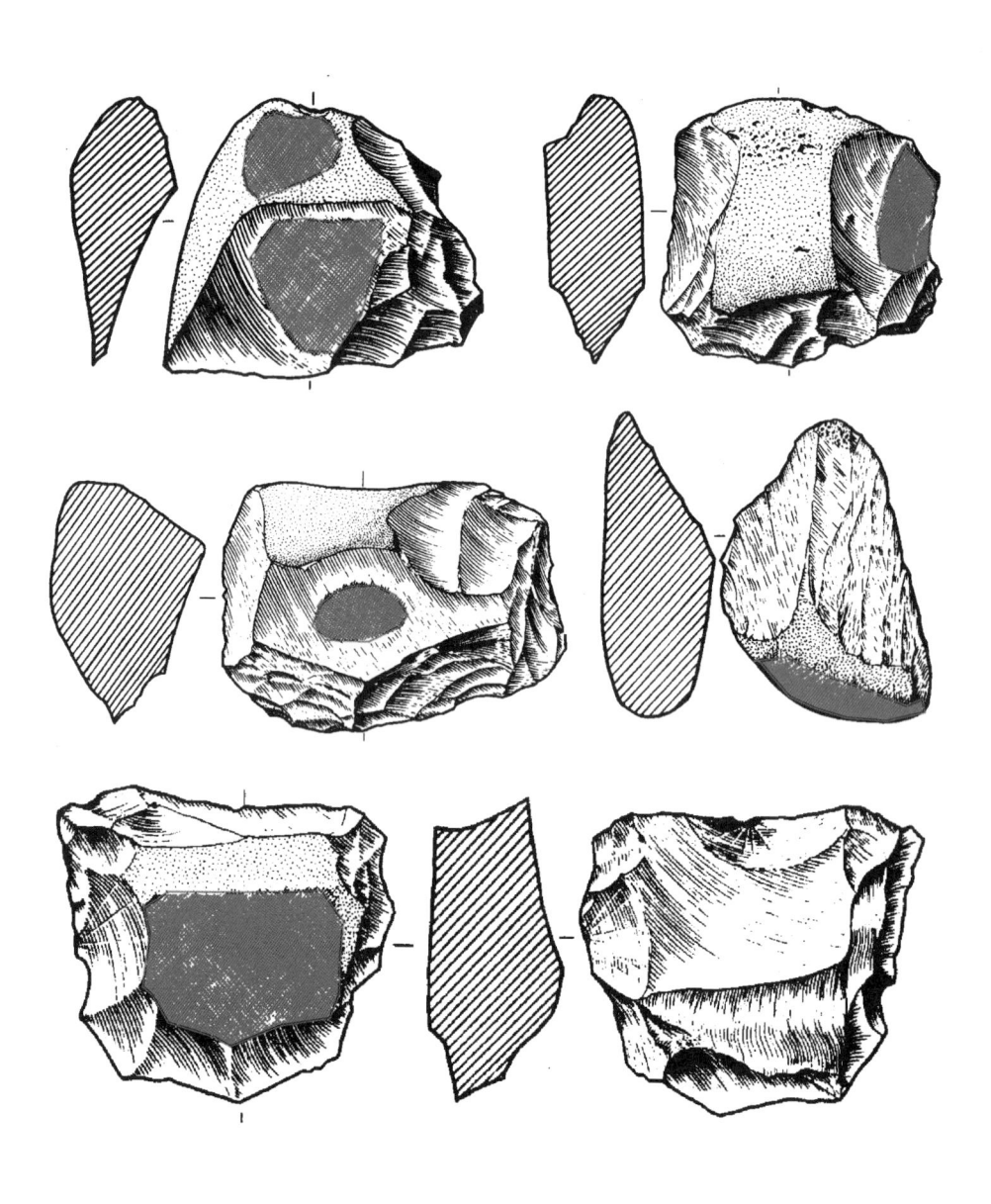

曲贡文化涂红石器

生命之色——西藏拉萨曲贡遗址涂红石器解析

石器表面涂抹的红色颜料，经化验分析证实为赤铁矿粉末（赭石），附着力较强，不易脱落。

遗址还出土了大量研色盘和研色棒，以扁平砾石为盘，以棒形和球形砾石为棒，它们是当时曲贡人用于研磨红色颜料的，色盘表面遍染红色。研色盘出土数十件之多，可见当时红色颜料用量相当大，也许不限于涂抹打制石器这一个用途。遗址还出土了专用于盛贮研好的红色颜料的小陶瓶，瓶形为鼓腹长颈小口，内壁沾满了红色颜料。另外还见到边缘打磨过的大陶片，它们是作调色盘使用的，表面遗有红颜色。

最初接触到这批涂红石器时，我有一种特别的新奇感，也有一种莫名的神秘感，这是一种少见的文化现象。我觉得涂红石器表现的是曲贡人的一种尚红意识，这是一个很值得探究的课题。

我在十多年前曾对史前时代宗教信仰方面的有关考古遗迹进行过研究，整理成一篇长文，名为《中国新石器时代原始宗教文化遗存研究》，其中的部分内容已独立成篇发表。

曲贡文化研色盘、研色棒

当时我对史前时代的尚红意识进行过初步考察，旧稿中有这样的句子："灵魂不死的观念，是史前人类的发明，灵魂的表象即是鲜红的血。人们从被自己打杀的动物流血死亡的现象中，从同伴和亲人失血死亡的现象中，有了一个颠倒的经验总结：血是生命的主宰，所以血就是灵魂。他们认为，只要把血象征性地涂在一个物体上，那么这个物体就有了灵魂，就具有了一种特殊的神力。但是人们又发现，鲜血并不能永远保持鲜红，于是他们开始用赤铁矿粉之类的红色来代替鲜血。原始人喜爱红色，正是基于这种灵魂崇拜意识。"

在史前人的心中，红色是生命与力量的象征。旧石器时代的山顶洞人，把赤铁矿粉撒在死者周围，象征死者灵魂的永生。他们的兽牙、石珠、鱼骨等饰物，也被认为是有灵魂的，也都染上了红色。

在新石器时代，这种以红色施于死者的做法，在一些地区发展为染骨葬，人们在葬礼中将死者的特定部位涂上红色，希望其早日得到再生。欧洲格里马洞穴和阿伯克萨尔等地都发现过染有红色的史前人类遗骨，这一现象受到过研究者们的关注。

在中国新石器时代的一些墓葬中，也发现过许多骨殖染色或以红色物品随葬的证据，其中又以大汶口文化和仰韶文化的发现比较典型。

大汶口文化的曲阜西夏侯墓地，三分之一的死者骨架上遗留有朱红颜色。洛阳王湾的仰韶文化墓葬中，人骨涂红现象也很普遍。华县元君庙墓地M440中的6号人骨，在下肢骨上涂有红色。其他文化中也有类似发现，如齐家文化的临夏大何庄和永靖秦魏家的墓葬中，有的人骨的头颅骨和上肢骨上涂有红色，或者留有红色布纹痕迹，有些骨架下还压着两块染着红色的白石。

在南方地区也有类似的发现。广西南宁地区的贝丘遗址，在墓葬中见到人骨周围撒布赤铁矿粉，让人很自然地想到这当是旧石器时代传统的延续。

在器具上涂抹红色的做法，在山顶洞人以后的新石器时代，也得到了继承和发扬。我们在一些新石器时代遗址，找到过石器涂红的证据。例如，江苏新沂花厅村M109中随葬的一件磨制穿孔石斧，正背两面都涂有红色；安徽潜山薛家岗墓地出土的磨制穿孔斧、钺、刀上，孔眼周围都绘有红色花果图案，为新石器时代石器涂红最为慎重的例子。薛家岗文化涂红石器的装饰意味稍浓，

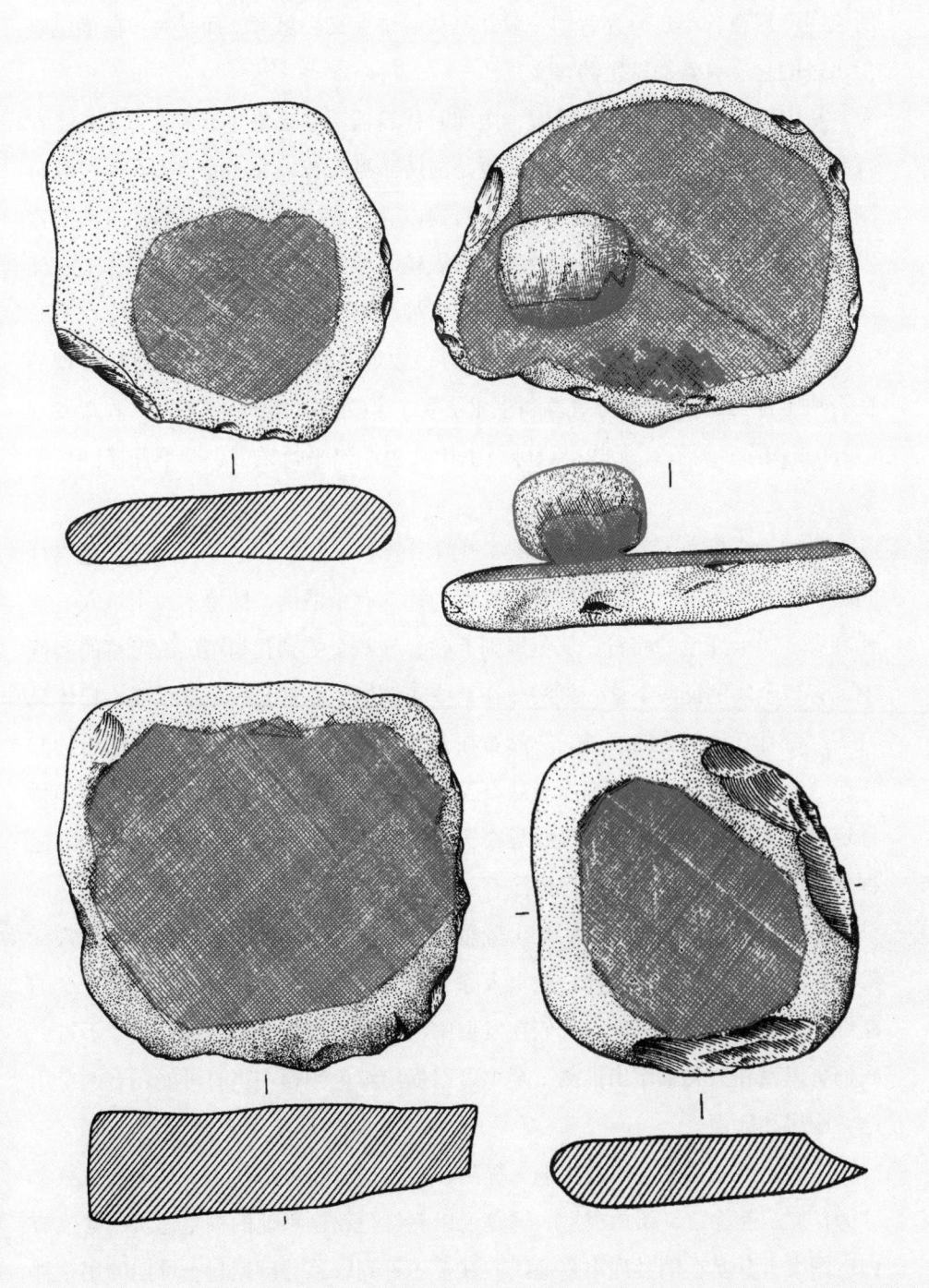

曲贡文化研色盘、研色棒

所绘图形规整，不过研究者们一般并不从装饰意义去思考，而是关注前面已经指出过的它应具备的特定的含义。

从中国范围内已有的发现看，史前时代石器涂红现象并不多见，尤其是在打制石器上涂红，除了曲贡遗址，更是前所未见。我以为，曲贡人在大量的打制石器上涂抹红色，可能是为了赋予石器以力量或生命，他们是想让这些石器发挥更大的作用。曲贡人将这种尚红意识较多地倾注在生产工具的制作上，体现了他们在同大自然的抗争中从物质和精神两方面所做的努力。

苏联学者托卡列夫在研究各民族的宗教形式时指出，旧石器时代发现的在石块上涂红的现象当与宗教和巫术有关。他列举的例子是阿齐尔洞穴发现的200多块涂色砾石，那些小块砾石上用红色绘出平行条带、圆形和椭圆形图案。

法国学者勒鲁瓦-古昂在所著《史前宗教》一书中，也多次讨论红色崇拜问题，他这样写道："旧石器时代晚期的墓葬有个惯例，即挖上一个坑穴，在死者身上撒上红色的赭石。从英国到苏联，在27个受到相当精确的考察的实例中，有17个实例证实了这一事实。在某些实例中，尤其是在摩拉维亚，尸体只有头部带有红色赭石的痕迹。"赭石在旧石器时代还被用于涂抹作为居所的洞穴，"有些大面积的岩壁都涂有赭石颜料。在墓葬中，涂在尸体上的赭石颜料肯定具有某种意义，在格里曼底尼格罗人种的墓葬中，唯有男性尸体被涂上这种颜色……但也发现过女性尸体涂有赭石颜料的墓葬"。

赭石对史前人来说，确实是十分重要的，可以用于粉刷居室、铺垫墓穴、染红人骨、涂抹石器和饰物。曲贡人除了涂抹石器，是否还将他们大量生产的赭红颜料运用到其他方面，我们在发掘中没有找到证据来说明这一点。不过，我们可以由相关文献做出推测，至少可以提出红色颜料在当时可能还有两个用途：刷房和涂面。

吐蕃时代的文献《玛尼宝训》提到，当时的雅鲁藏布江边山坡上有丘墓，"旁作屋，赭涂之，绘白虎"。这是说以赭红色粉刷墓地的祠堂建筑，并绘有白虎图案。其实在朗县列山墓地我们甚至还见到，墓葬巨型封土堆四壁用草拌泥抹平后，也都涂有赭红色，这可能是级别较高的墓主才有的一种标志。现代

生命之色——西藏拉萨曲贡遗址涂红石器解析

新疆吐鲁番阿斯塔那唐墓壁画

藏区的宗教建筑也都涂有红色,这传统不仅可追溯到吐蕃时代,也许还能追溯到曲贡人的时代。

《玛尼宝训》还提及吐蕃女子"以赭涂面为好"。《新唐书·吐蕃传》也有类似的记述,并记载有文成公主"恶国人赭面,弄赞下令国中禁之"。禁而未止,这习俗竟一直流传至今,今天在高原仍能见到漂亮的赭面女子。在《于阗教法史》中,吐蕃人被称为"赭面人",可见这风俗之盛。

有意思的是,这赭面风俗还曾传入唐都长安,成为女妆时尚。白居易有《时世妆》诗云:"元和妆梳君记取,髻堆面赭非华风。"所咏正是这种风俗流传的证据。吐蕃的赭面,或说出于信仰,或说出于防晒,一时还不会有确定的结论。我们将这风俗的源起,往上追溯到曲贡人的时代,这个可能性应当是存在的。

051

西南地区史前陶器衬花工艺探讨

——由西藏曲贡和卡若文化的发现说起

史前时期有一种以衬花工艺制作的陶器，完全可以与彩陶和磨光黑陶等相提并论，它是精品陶作之一。衬花陶器指陶器上的图案是以压剔刻划的阴纹为衬地，而以并不饰纹的磨光面为主要纹饰，构成较为明晰的图案单元。这种以反衬方法制成的图案繁简不一，以几何形为主，构图一般较为工整，做工也较为细腻。这种陶器的装饰工艺，在西藏、云南和川西南地区的史前遗址中发现有较多的例证。衬花陶器在其他地区也有少量发现，在东部地区的良渚文化的一些遗址中发现了水平很高的衬花陶器，只是装饰风格与西南地区有明显区别。

史前陶器的衬花工艺是一种在单色陶器上表现出多种光感的工艺，是史前制陶工艺取得的一个重要成就。陶器的衬花工艺流程，主要有磨光、划出主纹图案轮廓、去光衬地纹、局部打磨等几个步骤。古代衬花陶器与彩陶存在某种渊源关系，它的出现要晚于彩陶，是在彩陶技法基础上形成的一种新的陶器装饰艺术。与彩陶相比，衬花陶器工艺上有更高的技巧要求，也更耗工费时。后来装饰艺术中的凸起和减地技法，也应当是起源于这种工艺传统的。

对于史前时期陶器的研究，过去学者们比较关注彩陶、蛋壳陶、磨光黑陶等，这些都是史前陶工制作的品质较高的陶器。但是史前可入高品质之列的陶器，并不只限于这些类别，至少还有一种以衬花工艺制作的陶器，我们认为它完全可以与彩陶和磨光黑陶等相提并论，也应当可以算作古代精品陶

西藏拉萨曲贡遗址出土的衬花陶片

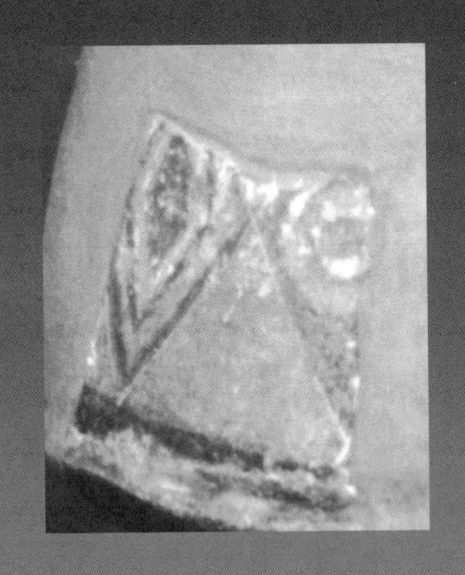

西藏拉萨曲贡遗址出土的衬花陶杯

西南地区史前陶器衬花工艺探讨——由西藏曲贡和卡若文化的发现说起

作之一。它是新石器时代晚期出现的一种新的陶作工艺,很可能是在彩陶衰落以后出现的。

虽然发现的衬花陶器的数量已经不算太少,但衬花陶器一直没有引起研究者应有的重视。这可能是因为它没有彩陶那样艳丽的色彩,也没有黑陶那样坚实的质地,而且它的出土地大都在远离中原的地方,所以没被看成是传统主流文化产品。我们现在讨论衬花陶器的发现与分布,需要将视线远远地拓展到周边地区,先由西南地区几处重点遗址获得的材料来了解新石器时代衬花陶器的发现情况。

曲贡遗址 我们最早注意到史前时期这种衬花工艺的存在,是在发掘西藏拉萨曲贡遗址的时候。在整理曲贡遗址出土陶片的过程中,我们发现了一些比

复制的曲贡遗址衬花陶器

较特别的刻划纹饰和压划纹饰的陶片，这些纹饰乍一看往往表现有双关的特点，即饰纹处和纹饰间的无纹处都能构成明确的图案单元。细一观察，会发现主体纹饰却是在无纹处，所饰纹样其实不过是一种衬纹。曲贡遗址所见的这种衬花工艺陶器标本虽然在数量上并不是很多，尤其是复原器很少，但是却很典型，图案单元主要有菱格纹、圆圈纹和折线纹等，有的制作非常精致。

曲贡发现的最典型的一件带耳圈足杯，为磨光细泥红陶质，在折腹的上腹部饰有精美的衬花纹饰，用一周糙面衬出二方连续的菱形纹饰带，在菱格内再用糙面衬出小菱纹或圆圈纹。

这件标本的衬花纹饰让人觉得有彩陶的意味，是曲贡文化中见到的一件精品衬花工艺陶器。曲贡遗址的发掘过去了许多年，后来每一提及曲贡，我都会说起那特别的陶器衬花工艺。后来我们还特地约请李文杰先生对曲贡遗址的衬花陶器进行了实验研究，仿制出了一批衬花陶器。

卡若遗址　西藏昌都卡若遗址发掘在曲贡遗址之前，出土陶器上饰有较丰富的刻划纹饰，其中有相当一部分应属衬花纹饰，只是当时没有从这个方面认识。卡若遗址流行一种三角带状刻划纹，是先在陶器的显著部位划出一周波折纹，然后在波折纹的上端或下端填上细画线，一般是在一个三角内填三四根线条。在填线与未填线的两个区域内形成明显的对比，填线的三角衬出光面的三角，两种三角各自构成连续的纹饰带。

另外在有的陶器上还有以同样的方式衬出的光面波折纹，有时波折纹层层重叠，体现出一种韵律感。

卡若遗址的这两种衬花纹饰在曲贡遗址中都能见到，由此也可以看出两个文化关系之密切。

新光遗址　让我再次注意到史前衬花陶器的存在，还是近年的事情。为了筹备云南边境地区的考古发掘，在2000—2001年间，我前往云南地区调查史前遗址，发现在若干地点都有类似的衬花陶器存在，有的还相当精致。在查阅了相关资料后，我相信在西南史前时代晚期的遗址中，能普遍见到这种衬花陶器。在云南，最先引起我注意的是永平新光遗址出土的陶器。在永平观摩这些陶器时，有令人耳目一新的感觉，它比过去印象中的云南新石器时代的陶器要

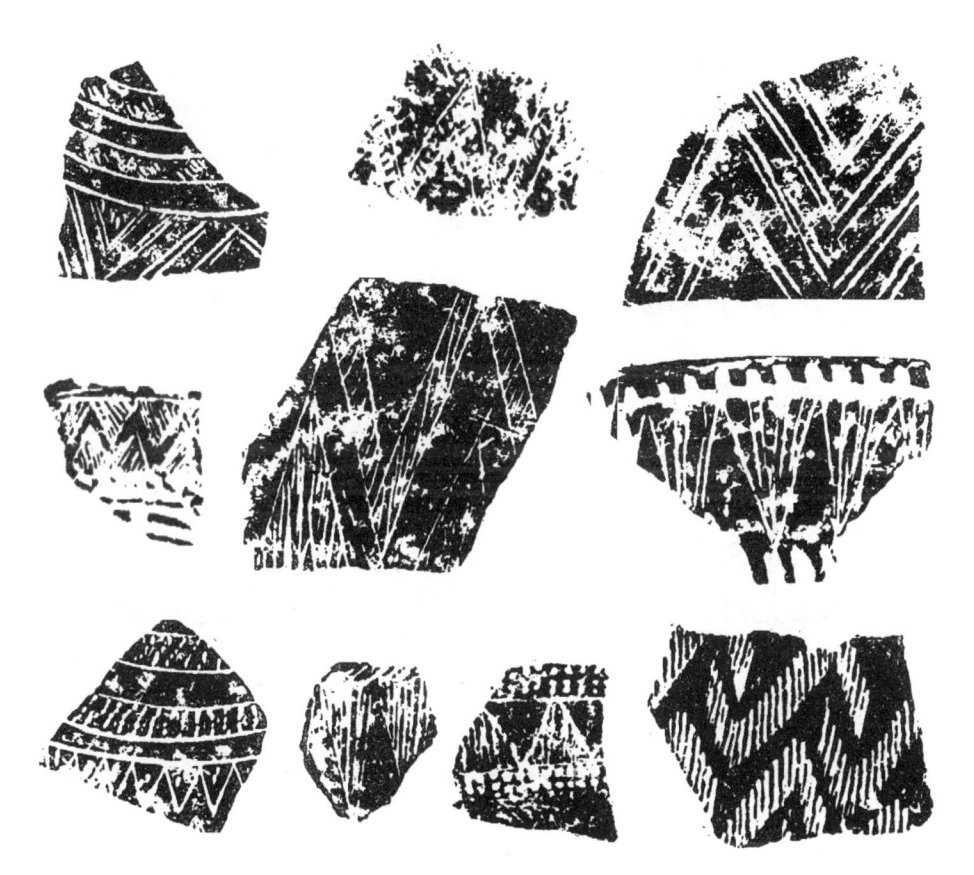

西南地区史前陶器衬花工艺探讨——由西藏曲贡和卡若文化的发现说起

西藏昌都卡若遗址出土的衬花陶片拓本

精致得多。

新光遗址的陶器近半数都有纹饰，纹饰以刻划纹为主，以一种"细密刻划纹"最富特点。它是以细而密的线条刻划出成组的图案单元，构成均衡对称的纹饰带，制作技法娴熟。在这样的纹样中，有一部分采用的是衬花技法，用细密的地纹衬出各种折线纹和涡纹等。值得注意的是，"刻划部位还常常涂有彩绘，计有红彩和白彩"，它们是陶器烧成后绘上去的，颜色容易脱落。这种加彩的衬花陶器，有着更高的艺术价值。

菜园子遗址　我们在与云南省文物考古所合作发掘的永仁菜园子遗址中，也见到非常典型的衬花陶器。它一般是用成排的篦点纹衬出光滑的折线纹和弧

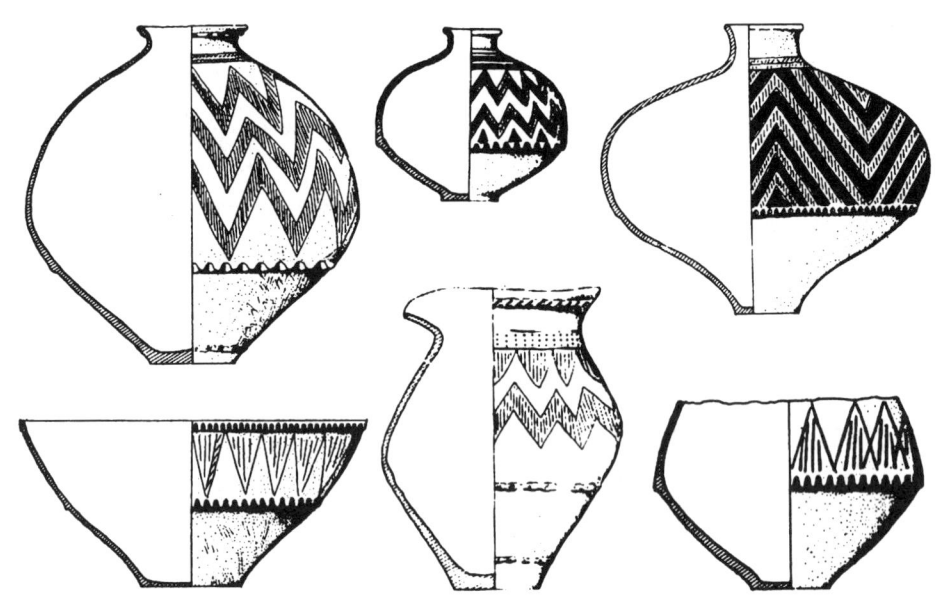

西藏昌都卡若遗址出土的衬花陶器

云南永平新光遗址出土的衬花陶器和衬花陶片拓本

线纹，构图比较严谨。这样的陶器纹饰在构图上，有的与西北地区的彩陶非常接近。因此有理由认为，衬花工艺是在彩陶工艺基础上发展起来的。当然，西南的衬花陶器与西北的彩陶之间究竟有什么关系，还可以进一步讨论。

大墩子遗址　云南元谋大墩子遗址是西南地区较早发掘的新石器遗址之一，出土的大件夹砂陶器多较粗糙，表面的纹饰可能已经剥落，但是小型泥质陶器表面的纹饰保存尚可，多数也是用比较整齐的篦点衬出折线纹和条带状纹饰，还见到少量具有律动感的旋形纹饰。衬花纹饰在大墩子遗址早期和晚期的地层中都有发现，不同的是早期纹样中还见到菱形纹和三角形纹饰，纹饰更丰

上层（晚期）

下层（早期）

云南元谋大墩子遗址出土的衬花陶片拓本

云南耿马石佛洞遗址出土的衬花陶器

富一些。

石佛洞遗址 云南耿马石佛洞遗址1983年进行过试掘，在不大的面积内出土了一些大件陶器，外表见到繁复的衬花纹饰。石佛洞遗址出土的衬花陶器非常精致，不论大型陶器还是小型陶器，一般都在显著部位装饰有纹饰，多以衬花方式表现各种图案。陶器表面先行磨光，然后划出主体纹饰轮廓，采用排列有序的篦点纹衬底。纹样均衡对称，构图多采用二方连续的形式，主体纹饰有勾连旋纹和圆圈纹等。其中有一件褐陶的纹饰为弧边三角作衬的旋形，旋纹连接处留出圆形空白构成四个圆圈纹，远距离观察有彩陶风格。另一件磨光黑陶的纹饰为圆圈纹，上部用密集的篦点作衬纹，空出原器表的光面组成十个圆圈纹，构图十分严谨。石佛洞遗址的这两件衬花陶器，工艺水平与艺术价值一点也不逊于那些精致的彩陶。

值得提出的是，石佛洞遗址衬花陶器的纹饰构图竟与遥远的西北地区马家窑遗址和半山遗址彩陶的纹饰构图出奇的相似，我们无法否认它们之间具有的紧密联系。此外，在云南通海海东村遗址，也发掘出了精致的衬花陶器，衬有动物纹样，实属少有的发现。

白羊村遗址 云南宾川白羊村遗址早期文化层中发现了一些典型的衬花陶

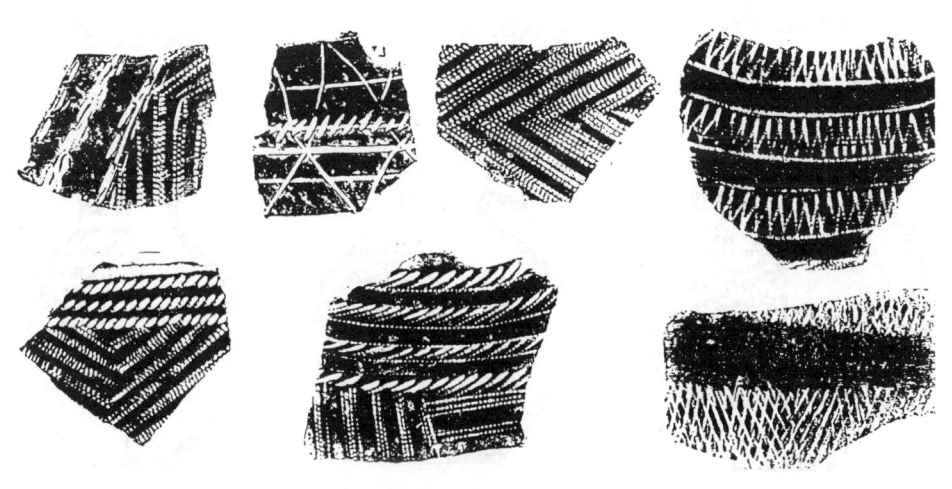

云南宾川白羊村遗址出土的衬花陶片拓本

片，多以整齐的篦点为地纹，衬出光滑的折线纹和条带状纹。

海门口遗址 云南剑川海门口遗址属早期青铜时代，出土的陶器上也有衬花纹饰。在发掘报告所附的陶片拓本上看不清楚，但报告在描述平底陶钵时说，"腹部划饰Z形线条组成的带纹和方格纹，空隙处刮平磨光"。那刮平磨光处可能是衬花主纹所在。

下湾遗址 2002年4月，我在四川攀枝花调查下湾新石器遗址时，在一位乡村教师家中见到他采集的不少衬花纹饰的夹砂陶片。这些陶片一般都是以密集成行的篦纹作衬，空出条带状光面作纹饰。由于所获陶片较小，衬花纹饰的构图并不明了，但可以看出是以弧形条带为主要单元，与云南地区所见有类似

四川西昌礼州遗址出土的衬花陶器

之处。下湾遗址与永仁菜园子遗址地理位置相去不远，主体文化内涵接近，衬花陶器的风格也比较接近。

礼州遗址 四川西昌礼州遗址也发现有衬花陶器，但是制作方法有些不同。它是在器表先施地纹，然后在地纹上用压划方法绘出米字形纹等。虽然这与以上列举的衬花纹饰有所区别，但效果却是一样的，它的主纹也要靠地纹衬托出来。

目前，云南、西藏和川西南所在的西南地区发现的新石器时代遗存，时代都比较晚，一般都只在距今4000年左右，少有超出5000年的。在经过重点调查和发掘过的遗址中，一般都有衬花陶器出土，说明衬花陶器在这一地区有较为广泛的分布。换言之，衬花陶器是西南地区晚期新石器文化的一个共有特征。当然，如果观察仔细一些，我们会发现在西藏的卡若文化和曲贡文化中，衬花陶器的地纹以刻划纹为多，而云南地区衬花陶器的地纹却以篦纹为主，不同地区存在一定区别。实际上这两种风格的衬花陶器，除了地纹的不同，主纹也表现出一些差别，但都见到折线纹，它们的共性也很明显。

关于史前陶器的衬花工艺，在过去的陶瓷史著作中一般都没有提及，多数研究者似乎还没有注意到史前有这种陶器工艺存在。这主要是因为相关资料较为零散，数量显得也不是太多，让人不容易获得完整印象。更重要的原因是，过去习惯上是以刻绘留下的直接痕迹辨识陶器纹饰的内容，篦点仅是篦点，刻划仅是刻划，对于纹饰本体研究还比较欠缺，没有意识到这种工艺存在的意义。我在发掘西藏拉萨曲贡遗址之时开始注意到衬花陶器的存在，是因为遗址中出土了一些精美的衬花陶片，精美得让人不能忽略它们的存在。解读这些具有特别装饰风格的陶片，当时并没有觉得太困难，因为它们的构图非常明晰，明晰到你根本不必去看它们直接刻划的那些纹饰，一眼就能读出那些并没刻划的光滑的纹饰带。曲贡遗址陶器上有些精美的纹饰甚至让人有彩陶的感觉，衬花显现出不同的色泽，构图匀称，刻工细腻，代表了西藏地区史前陶作的最高成就。

在撰写曲贡遗址考古发掘报告时，发掘参与者之一的古方先生对曲贡陶器进行了全面描述，他对遗址所见的陶器衬花工艺进行了初步论述。我们当时议定将这种工艺定义为"磨花"工艺，制成的纹饰就是"磨花纹饰"。发掘报告对这种工艺的描述是："所谓磨花就是在陶器表面先刻划出纹饰图案的轮廓线，在轮廓线内用磨光的方法将所要表现的纹饰打磨出来，如菱格纹内的重菱线条和圆圈、平行线或折线内的横人字纹的相间部分等。磨光纹饰周围必然要留有糙面或与糙面部分相间。磨花与刻花方法相反，是通过与周围糙面的明暗反差对比表现纹饰图案，磨花与刻花方法在同一陶器纹饰的制作上常结合使用。"在很长时间内，我们在其他场合提及这种工艺时，所下的定义都是"磨花工艺"，认为曲贡人在制陶时采用的这种装饰工艺，是一种非常精致的工艺，过去国内史前考古还不曾有过类似的发现。它是把陶器表面打磨光亮后，再刻划出糙面作地纹，使保留下来的光面构成素雅的图案，这种无彩的装饰胜于有彩，是曲贡人独到的艺术创造。

起初我们对曲贡陶器工艺所做的基本研究，在很大程度上是根据李文杰先生所做的制作和焙烧试验得出的结论。李文杰先生认为，曲贡陶器在磨光后，"在粗糙的地儿上施加密集而纤细的放射状划纹"，有的"在磨光的表面上用刀具进行横向刮削，形成一周粗糙的宽带纹"。有的时候是在纹样之间磨光与划纹并用，使单色的纹饰形成对比。这样光线照在光滑的表面时形成反射而富有光泽，照在粗糙的地子上时则形成漫反射而没有光泽。也就是说，这是一种在单色陶器上表现出多种光感的工艺，是史前制陶工艺上的新发展。

现在看来，当时以"磨花"之名来定义这种陶器工艺，并不十分贴切。它实际上是用刻划压印等不同方法在陶器上制出地纹，用以衬托出主体纹样，所以提出更名为"衬花"工艺，用这种工艺装饰的陶器，称为"衬花陶"。为叙述方便，我们将史前陶器上用于衬托的纹饰称为地纹，而将陶工要表现的主体纹饰称为主纹。地纹一般采用比较细小的纹饰单元，使用点、线、小型几何形刻划或是糙面作衬。主纹一般是磨光的光滑器表组成连续的纹饰带，也以几何形纹为多见。

对于史前陶器衬花工艺的程序，根据标本观察和试验过程的了解，我们认为有磨光、刻划纹饰轮廓、衬地和打磨等几道工序，分述于下：

1. 磨光

磨光虽然不是陶器衬花工艺的独有程序，但却是一道很重要的程序。很多衬花图案主纹的基础，是在全器打磨光滑时就有了。衬花工艺选用的陶器，大多是较为细腻的泥质陶（也见到少量的夹砂陶），实际上只要按照传统的泥质陶打磨工艺将器表打磨光滑就可以了。一般要在陶胎半干时进行磨光，依李文杰先生试验的结果，以含水量在11%至13%时磨光效果最好。磨光采用的工具是表面光滑的骨器或小块砾石，磨光的结果是陶器表面结构更加紧密而富有光泽。许多彩陶在施彩后也要磨光，使彩料压入表层，经焙烧后彩纹显得更加光洁美观。从这一点上看，衬花工艺与彩陶工艺的关系是非常紧密的。

2. 刻划出纹饰轮廓

衬花陶器上的主纹图案，多呈二方连续或四方连续形式，构图一般都比较严谨，有的还显得相当繁复。因此勾勒轮廓是少不了的一道工序。轮廓线用粗细适度的锥状物划出，在操作中也不排除用色料先绘出图案，然后于图案周边进行双勾处理。我自己有这样的经历，在黑板上写楷体空心字时不容易写好，就先用蘸水的毛笔把字写出，趁水未干时将轮廓用粉笔描出，水干后构形美观的空心字就显露出来了。在字外还可以衬些别的色彩或图案，使无色的字显得更有生气，这与衬花陶器的感觉非常近似。实际上在衬花陶器上我们很容易找到依然保留的主纹轮廓线，轮廓描绘是认真的，成品衬花纹饰都非常精致。

3. 衬地

主纹轮廓确定后，选取不同的方法在主纹轮廓外作地纹，使主纹更加突出。衬地的方法，又分刻划、压印、剔刺和糙化几种。刻划一般是以短细的线条呈平行或放射状地填满地子，有时这种刻划本身也是一个个较小的纹饰单元。压印是以排齿类器具在地子上压划出篦纹或类似的纹饰，一般排列都比较整齐。剔刺是用尖锥工具以点状或三角形刺出地纹，这样的地纹排列不一定整齐，但一般都会比较匀称。糙化是用刷子或小刀去除地子上的光滑面，使主纹和地纹在光感度上形成明显的对比。

不同方法衬地的目的，都是去除主纹轮廓外陶器的光滑面，以没有光泽的地子突出光滑的主纹，这样衬花的装饰效果就达到了。

4. 打磨

陶器在衬好地纹以后，主纹已清楚地显现出来。为了使主纹更加整齐流畅和醒目，有时还要进行局部打磨。一般的精品衬花陶器都要经过这道工序，以精益求精为目标。

在上面提到的这些工序之外，衬花陶器也有一些较为简略的做法，就是先在器身预设的纹饰带施满地纹，然后直接在地纹上压划上纹饰，如四川西昌礼州遗址的米字纹陶罐便是这样。这是一种比较简化的做法，不容易做出精品衬花陶器，类似的标本在衬花陶器中见到的并不是很多。

值得注意的是，西南新石器时代衬花陶器中的衬地纹饰，常见的是篦纹或类似的点划纹，这是发现篦纹标本较多的一个重要原因。过去研究者将这类标本都归入篦纹陶范畴，没有作深入的讨论。以篦纹和刻划纹作地的衬花陶器凸显了西南史前陶业的一个重要特点，对这种富有特征的陶器装饰工艺的研究，应当引起必要的重视。

确定了西南地区新石器晚期存在较为普遍的衬花陶工艺以后，我们会很自然地要寻求它的起源，也会很自然地把目光转向中原地区，转向黄河和长江中游地区。

分布在西南地区的新石器时代衬花陶器，其年代在距今4500年左右，相当于龙山文化中期。翻检黄河中下游地区龙山文化的陶器资料，却没有发现明显的证据表明制陶有这样的衬花工艺，可以确定地说，中原史前陶业中没有使用过衬花装饰技术。在中原史前陶器中也没有找到相关的证据，中原在新石器时代晚期陶器上流行的是绳纹、篮纹和方格纹，这些都是拍印纹饰，与衬花陶工艺中的压划和刻划技术有明显不同。在中原边缘的一些地方却有重要发现，如山西太谷白燕遗址约当夏商时代的陶片上，就见到典型的衬花纹饰，也是以刻划线条或剔刺纹作衬地，衬出光滑的三角形纹饰。其实在殷墟考古中，类似的

西南地区史前陶器衬花工艺探讨——由西藏曲贡和卡若文化的发现说起

河南安阳殷墟出土的兽面纹衬花陶片拓本

衬花陶器也并不鲜见，许多陶器的肩腹部都有以绳纹作衬的角状纹饰，偶尔还能见到以绳纹作衬的饕餮纹残片。

值得注意的是，商周青铜器上的纹饰，不少都采用这种衬花工艺铸造，尤以商代后期的饕餮纹最为典型，细细的雷纹衬托出饕餮醒目的嘴脸。西周早期铜器上的一些饕餮纹也沿用了这种表现手法，衬地的雷纹排列得井井有条。到了东周时期，在作为主体纹样的饕餮纹退出青铜器的装饰后，采用衬地手法表现的纹样在铜器上仍能见到。虽然不能说铜器上的衬托表现手法与陶器上的衬花工艺完全相同，但铜器上的这种衬地工艺，必定也是受了年代更早的衬花陶工艺的影响，或者说是直接脱胎于陶器的衬花工艺。

我们特别注意到，东周时期开始出现的暗花黑陶，与衬花陶器的工艺非常接近。河北平山战国墓出土的暗花陶器非常精美，装饰手法实际上是衬花工艺的延展。它是在全器打磨光滑的基础上，先在预设的纹饰带做出整体的糙面，然后再在糙面上压划光滑的纹饰。虽然不能说它与史前陶器的衬花工艺存在太直接的联系，但两者的工艺属于同一传统应当是可以认定的。类似的衬托表现方式还见于战国时代的漆器纹样上，在湖北随州曾侯乙墓出土的鸭形漆盒上就有采用衬地方法绘出的图案单元。我们把目光再延伸一些，中国古代后来装饰艺术中的加地和减地技法，也应当是根源于这种衬花工艺的。

虽然中原地区没有发现年代较早的衬花陶器，但是在除西南地区以外其他周边地区的史前文化中，我们注意到也有衬花陶器的发现。在北方地区的诸多史前文化陶器上，能普遍见到篦点纹，不过篦点的排列并没以地纹方式出现，装饰风格同西南地区的陶器迥然有别。但在年代稍晚的北方新石器文化中，却也发现过以衬花工艺制作的纹饰陶器，虽然数量较少，但史前陶工已经掌握衬花工艺这一点则可以肯定。如内蒙古凉城距今4500至4000年的老虎山文化中，就见到表现有折线和菱形等图案的衬花陶器。凉城大庙坡遗址87F1和老虎山遗址F26出土的敛口瓮，就见到了这样的衬花图案，为图案衬地的是细碎的划纹和点压的小三角纹，衬出的图案平整光滑。在其他一些地方也发现与衬花工艺相似的陶器，像吉林和龙兴城遗址所见，一般不是以衬花为特征，而是在主体纹饰中填纹，并不在纹饰外填纹。但在细密刻划纹填以篦点纹组成的各种复合纹饰，也见到一些图案具有衬纹特点，纹饰单元有雷纹、菱形纹、涡纹和三角纹等，其年代不晚于距今4300年。

同类的发现还见于辽宁长海小珠山遗址和上马石遗址。小珠山遗址中上层和上马石遗址上层都可见到典型的衬花陶器，是以刻划细线或点状衬出纹饰的。这里的衬花陶器的年代在距今5000至4000年。

在夏家店下层文化中，也发现了相当典型的衬花陶器。内蒙古敖汉旗大甸子遗址夏家店文化墓葬中随葬的陶器除极富特征的彩陶外，还见到一些衬花陶器，不少盉、鬶类的袋足器上都见到衬花纹饰。一般是在器腹位置用篦点和糙面衬出光滑的宽带与三角带状纹饰，宽带多为数条平行排列，做工细腻。

我们再将眼光转向东南，便会发现陶器上的衬花工艺，在中国史前有可能最早出现在良渚文化中，良渚文化的许多遗址都发现了水平很高的衬花陶器。如上海青浦福泉山遗址出土阔把黑杯刻划的太阳鸟等图形，就是在鸟形外衬上垂直连缀的方块图形而使鸟形突出。不过这种光面的方块图案却是由细刻的线条衬出来的，这样的衬花陶器采用的是一种复式衬法，需要有更高的刻划技巧。从这一点看，良渚文化的衬花陶器已是非常成熟的作品，它不会是衬花陶器起始阶段的产物。良渚文化陶器的衬花工艺应当有更早的渊源，但是时代比它早的崧泽文化中却并没有见到衬花陶器，我们还是没法找到衬花陶器起源的证据。

东南地区良渚文化的衬花陶器虽然时代比较早，但我们并不能由此确定它就是北方地区和西南地区新石器文化中衬花陶器的源头，因为它与后两个地区的风格有着明显的不同。仅就西南地区的衬花陶器而言，它的技法源起应当与彩陶有一定的关系。证据主要有三，一是有的衬花陶器有加彩现象，二是有的衬花图案与彩陶图案在构图上有相似之处，三是衬花陶器的时代晚于彩陶。与彩陶技法相比，衬花陶器在工艺上有更高的技巧要求，更耗工费时。更进一步的论证还需要有更多的资料，留待来日。

在研究者以往的印象中，西南史前时期的陶业处于相当原始的状态，一些规模不大的发掘也能证实这一点，出土的陶器质地粗糙，纹饰也很简单。特别是民族调查提供的资料显示，直到当代，部分西南民族地区的陶业还停留在原初发展阶段，具有器表少纹饰、无窑焙烧、火候较低等特点。可是从衬花陶器的发现来看，现在是到了重新评价西南史前陶业发展水平的时候了。应当说，在新石器时代晚期，西南地区的制陶工艺还是较为发达的，不仅有磨光黑陶，也有在中原地区见不到的衬花陶器。而且衬花陶器作为一种重要的工艺技术，它对后来的铜器饰纹技术产生的影响不可低估，如果它的起源是在中原以外的周边地区，那么它出现的意义恐怕就不仅仅在于它自身了。还要提到的是，史前时代的衬花工艺在西南有一个明确的扩展范围，它背后的文化意义是什么，还值得进一步研究。

从目前获得的资料来看，衬花陶器的分布在史前仅限于中原周边地区，南北两个方向都有重要发现，以东南和西南地区的衬花陶器较为典型。史前时期的衬花陶器是一个新的研究课题，我们现在已经大体明确衬花陶器是中原周边地区新石器时代晚期成熟起来的一种新的陶作工艺，它为什么在史前仅存在于中原周边地区而不见或少见于中原地区，这是另一个很值得探究的课题。

牦牛遗踪

——从中国西部的岩画说起

动物是古代岩画中的一个中心题材，在不同地区、不同时代，岩画中所表现的动物种群有一定的区别。一般来说，岩画中的动物图像是岩画作者所见动物的真实写照，也是岩画作者所处时代生态环境的真实反映。在中国岩画中，有一种特别的动物形象——牦牛，它基本不见于世界上其他地区的岩画，在中国境内也只在特定的地域发现。研究中国岩画中的动物图像，牦牛是一种值得特别关注的动物。

中国有牦牛图像的岩画具有特定的分布地域，它集中发现在青藏高原及邻近地区。在西藏地区发现的岩画中，一般都有牦牛图像，以藏西地区发现的牦牛岩画数量为最多。在西藏以外的甘肃、青海、宁夏及新疆地区的少数地点，也发现了一些牦牛岩画。

西藏地区的岩画，李永宪先生在其所著《西藏原始艺术》中有全面研究。西藏岩画的系统考察与深入研究，迟至20世纪80年代才开始全面展开，90年代有了较大收获。西藏发现的岩画地点已有60多处，分布遍及整个高原，其中以西部的日土和北部的尼玛、申扎较为丰富。西藏发现有露天岩画，也有岩厦和洞穴岩画，有凿刻岩画，也有涂绘岩画，后者流行的时代较为晚近。在西部的日土、札达、革吉和改则四县发现岩画点20余处，岩画所处的海拔在4200—4800米，属高原荒漠区，以露天凿刻岩画为主。藏北高原大部分地区为无人区，在尼玛、申扎、班戈、当雄等县临近河湖的山地发现了28处岩画，以洞穴涂绘岩画为多见，海拔一般在4300米以上。藏南定日和贡嘎的低山河谷发现3处凿刻露天岩画，海拔为3600—5100米。藏东南地区的八宿和墨脱发现2处露天凿刻岩画，海拔分别为4800米和900米。西藏岩画时代早期属于公元前的青铜时代，中期属于吐蕃王朝建立前的部落时期，晚期则属于公元7世纪以后的吐蕃时代或更晚。

西藏岩画的题材，早期多为狩猎、动物、争战演武和神灵崇拜，中期增加了动物群、畜牧和部落生活的题材，晚期则又出现了佛教题材。西藏不同时期的岩画都涉及表现牦牛场景的内容，有狩猎野牦牛的，也有放牧牦牛的，还有不少单纯表现牦牛的岩画，如日土等地所见。牦牛是西藏岩画艺术表现的一个中心内容，也许可以这样说，没有牦牛就没有西藏岩画。

根据《西藏岩画艺术》的资料，西藏西部的岩画以日土的发现较为集中，在鲁日朗卡、阿垄沟、康巴热久、日姆栋、那布龙和多玛等地的岩画上都有牦牛和狩猎牦牛的图像。在多玛见到一幅动物岩画，图中绘有牦牛、鹿、羊群，在一头母牦牛的腹下还有吮奶的小牦牛。在那布龙的一幅0.7米×0.5米的不大的岩画上，绘有三头牦牛，一前二后，正朝着同一方向行进。康巴热久有一幅骑手猎牦牛图，一个骑马的猎手正在追赶前方的两头野牦牛，牦牛前面还有一只奔鹿。在革吉县的盐湖发现20余幅岩画，有牦牛群、狩猎牦牛和放牧牦牛的图像，还有骑牦牛的图像。其中有一幅牧牛图，中部凿刻三个骑马牧人，周围绘有六头牦牛表示牛群，表现了一个很大的放牧场面。盐湖另有一幅围猎图岩

西藏日土日姆栋岩画《牦牛图》

画，四个猎手围住一头牦牛，牦牛已是无路可逃。在尼玛县的加林山发现60余幅岩画，其中有一幅猎牦牛图，一骑手追赶着牦牛，正由牛后持弓射箭，牛身下凿刻有许多小点点，可能表示受伤的牛已是鲜血淋漓。在班戈县纳木错湖西岸其多山的两处天然洞穴中，发现了用红色涂绘的大幅壁画，其中1号洞绘有动物、人物、符号200多个，包括不少牦牛图像。有一个部位表现了狩猎牦牛的场面，用夸张、对比的手法绘有两头庞大的牦牛，上方绘有形体极小的三位猎手，牦牛背部还绘出了射中的箭。

青海地区的岩画上，据估计牦牛图像在所有动物图像中要占到半数以上，用通体敲砸的方式表现大角、小头、隆肩的侧视牦牛形象。在天峻县的卢山南部发现30多处岩画，岩画内容有静态牦牛和狩猎牦牛。其中一幅狩猎图画面上出现有单辕马车，猎人站立在车上向牦牛射击，看画面像是牦牛攻击马车在先。在格尔木市的野牛沟发现45幅岩画，岩画中的动物以牦牛为主，多数为静态牛群和单体牛。在德令哈市的怀头他拉发现100多幅岩画，主要单体动物亦以牦牛为主要表现对象，还见到古藏文刻划。在刚察县的舍布齐山顶上发现一幅狩猎岩画，一骑马人正用弓箭射杀一头牦牛。在刚察县的哈龙沟发现有牦牛、鹿、獐、野猪混群的岩画。据研究，青海省的岩画时代多属吐蕃时期，是古代藏族人的作品。

甘肃省嘉峪关西北的黑山，1972年发现30余处岩画点，有150多幅岩画，半数地点都有牦牛图像和猎牦牛的图像。这里的岩画以表现狩猎活动为主，狩

青海天峻卢山岩画《车射牦牛图》

牦牛遗踪——从中国西部的岩画说起

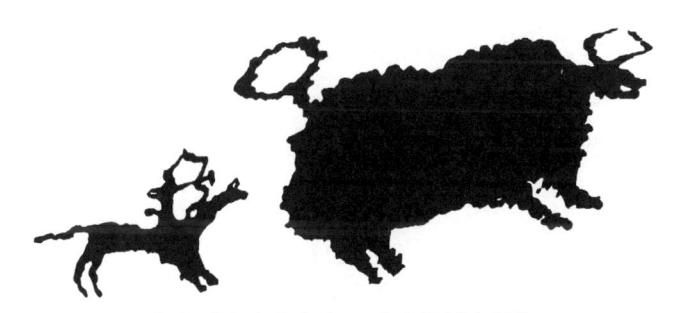

青海刚察舍布齐岩画《骑射牦牛图》

猎的对象有野骆驼、野羊、鹿、虎和牦牛，主要是牦牛。有一幅狩猎图中，众猎手在围猎一群牦牛和鹿，图中牦牛绘得很大，鹿和猎手形体较小，有三头黑牦牛和一头白牦牛。在另一幅狩猎图中，一骑手正策马追击一头牦牛，画面上方还绘有四只展翅飞翔的鸟，以衬托牦牛奔跑的速度之快。这批岩画的时代，最初被认为属于"狩猎时代"，年代当与青海地区岩画大体相同。

甘肃嘉峪关黑山岩画《牦牛图》

宁夏的贺兰山报道有15个地点发现了牦牛岩画，但确定的地点是6处，它们是石嘴山市麦如井、惠农县翻石沟、平罗、贺兰、中卫和大麦地。除了一些表现与其他动物杂处或个体活动的牦牛，岩画上少有人物出现，且画面都不大。个别确定为猎牦牛的岩画，牦牛形象特征并不明显。公元7—8世纪，吐蕃势力到达贺兰山一带，我们推测这里发现数量不多的牦牛岩画可能属于吐蕃人的作品。

此外有研究者提到新疆地区的动物岩画中见到一些家牛、野牛和牦牛图像。实际上牦牛图像在新疆岩画中并不多见，只是在靠近西藏和青海的且末县莫勒切河谷的一幅狩猎岩画上见到牦牛，图中七头牛至少有三头体现有明显的牦牛特征。

还有报道说内蒙古的阴山和乌兰察布地区的岩画中也发现有牦牛图像，经过仔细比较，那里的岩画中并无确定的牦牛图像，过去认定的牦牛更有可能属于野牛。

牦牛在岩画中只出现在西藏及邻近的一些地区，牦牛对西藏地区和藏族是非常重要的，对于研究这一区域内的岩画也是十分重要的。我们由岩画看到了藏族先民猎获和畜养牦牛的真实历史，看到了作为高原之魂的牦牛在古代岩画中出现的意义。我们还知道，牦牛作为艺术形象不仅出现在古代藏族的岩画上，还出现在雕塑和绘画艺术中。

考古发现的牦牛艺术文物，有陶土塑像，也有青铜塑像。青海都兰的诺木洪遗址，在1959年出土了一件牦牛陶塑，它的年代约为距今3000年前，属于青铜时代遗物。位于青藏高原边缘地带的甘肃天祝，20世纪70年代曾出土一尊罕见的巨大牦牛青铜雕像，雕像长120厘米、高61厘米，重量为150公斤。发现者判断这件牦牛艺术品的制作年代约为14世纪，由于没有对比研究的参照物，这个年代判断并没有足够的依据。

西藏地区的佛教寺庙中，一般都绘有大幅壁画，牦牛也是壁画中经常出现的形象。16世纪前后在阿里古格故城的壁画中，就有牦牛图像。如红殿的佛传降魔壁画，下方见到与虎豹为伍的牦牛。在贡康洞的东壁，也见到同虎豹一起奔走的"供养宝"壁画。在古格王国遗址发现的玛尼石刻上，还见到足蹬牦牛作牦牛化身的大威德金刚像。在其他现存的佛寺壁画上，绘有追述吐蕃早期历史的画面，我们不难发现狩猎牦牛的场面，也有放牧牦牛的场景。同样在西藏佛教寺庙中大量收藏的另一种艺术品唐卡，也有与壁画相似的内容，牦牛也是经常被描绘的对象。

在西藏地区的考古发掘中，还曾出土牦牛骨骸。20世纪90年代发掘的拉萨曲贡遗址，就发现了家牦牛的遗骸。居住在拉萨附近的曲贡人，他们生活在距

牦牛遗踪——从中国西部的岩画说起

甘肃天祝青铜牦牛

西藏古格王国遗址大威德金刚玛尼石刻

今4000年前的时代，当时已经有了以农耕为主、畜牧为辅的经济生活传统。他们用砍伐类石器砍伐灌木丛、开垦河谷的土地，用切割类石器收割谷物，用石磨盘和石磨棒捣碎谷物。曲贡人在农耕之余，还驯养家畜以补充生活来源。曲贡遗址出土的大量兽骨中，经鉴定属于家畜的有牦牛、绵羊和狗。曲贡家牦牛个体不大，细角，是迄今所知的最早的家牦牛遗存。

牦牛在英文里念作yak，发音与藏语完全相同。从语源学的角度追溯，牦牛确实是起源于西藏高原的，曲贡遗址的发现提供了确切的答案，家牦牛的驯养在曲贡文化时代就已经完成了。牦牛遗骸的出土，表明农牧结合的经济模式在西藏地区很早就出现了，推测牦牛驯化成功的年代，肯定要早于曲贡人生存的年代。西藏地区发现的放牧家牦牛的岩画，能大体与曲贡人生活时代相当的现在还不能确定。

牦牛生态圈在现代缩到了青藏高原一带，延及川西、甘南等邻近地区，较之牦牛岩画分布的范围缩小了一些。牦牛与青藏高原、与藏族有着不可分割的联系。对于居住在雪域高原的藏族人来说，牦牛能登高，又耐寒，可以负重上百公斤，是"高原之舟"，能为牧民驮运毛皮和盐巴。牦牛在农区用于耕地，二牛拉一犁，是农人强有力的帮手。牦牛与马匹一样，还被用于民族传统节日时的赛跑。牦牛更是藏族肉食和黄油的主要来源，牦牛肉色鲜红，质地细嫩，味道超过黄牛。对藏族来说，人们在生活中一天也离不开牦牛。

牦牛大多数毛色纯黑，仅有少量白牦牛。在古代，牦牛是藏族人的食品，也是神灵的祭品。数年前，已有研究者注意到牦牛与西藏古代神话、传说和宗教的联系。对西藏岩画进行过田野考察的李永宪先生认为，牦牛是西藏动物岩画经常表现的对象，当地的人们在岩画上非常生动地描绘了牦牛弯角、拱背、大尾和长毛的体态。有时岩画上的牦牛被夸大成几倍的样子，表现了高原居民对牦牛所拥有的一种特别的感情。藏族民间传说中，白牦牛代表山神或大地之神，在佛教传入以后，牦牛又成了佛教的护法神。这对后来藏族人的宗教活动还有一定影响，在当代西藏的一些地区，每年都会放生上百头的牦牛贡献山神。

我曾多次深入青海和西藏地区考察，在那里随处可见牦牛的身影，我还小心地靠近同它们一起合影留念。现在有机会从岩画的角度讨论牦牛，想起来还真是一个难得的纪念。

火食发端

烹饪并不是人类与生俱来的发明，它是人类物质生活发展到一定阶段的产物。在人类刚刚脱离动物界的蒙昧时代，食物原料就等于是美味佳肴，并不用通过任何烹调过程就可以送入腹中。到了后来，也只是偶尔用最简单的烧烤方式加工食物，没有什么调味品，也没有想到要使食物变得更美观诱人。

刚刚脱离动物界的人类，最初的饮食方式自然与一般动物没有什么明显区别，每每获取食物时，生吞活剥而已。汉代及汉以前的古代文献，形象地称这样的饮食方式为"茹毛饮血"。如：《白虎通义》说，古之人"饥即求食，饱即弃余，茹毛饮血"；《礼记·礼运》说，古之时"未有火化，食草木之实、鸟兽之肉，饮其血，茹其毛"。人类生食的历史可能十分长久，生食的传统甚至局部保留到了现代，我们今天仍然有时还以生食为至美之味，还在当新鲜食法享用某些生食，这也许就是远古遗留下来的生食传统的体现。一些民族至今还保留的生食的习俗，可能是对远古生食的一种记忆。

人类的生食传统是古老的，我们还不能确知熟食时代是怎么到来的，不知道惯于生食的先民为何要改变他们一向的饮食方式，而倾心于烦琐的熟食。熟食香美的滋味也许是最大的诱因，而火的应用则是最重要的前提条件。

火食的起源，也许经历了相当长的过程，并不是在某一天，人类突然感受到了熟食的美味，就从此不再吃那些还流着鲜血的兽肉了。根据古人类学家由化石材料的研究，更新世的人科牙齿已显示出食用烧烤食物带来的结果，他们已经脱离了生食状态。

营养学认为，现代人类对大部分食物不能生食，而必须熟食。相反地，所有动物几乎都是生食，熟食对于多数动物都不适应。人类在进化中有一个从生食到熟食的演化过程，对熟食的适应性使得现代人类对主要包括肉类、水产品、谷物等在内的食物无法生食。人类对食物的消化，除了人体的消化器官的生理作用，很大程度上要靠人体内的各种消化酶的帮助，这是非常复杂而有序的系统。人类从生食到熟食的进化，实际上是人类消化适应能力的进化，也可以说是一种退化，因为人类不得不依靠在体外已改善了的半加工食品，才能适应肠胃功能。

所谓半加工的食物，对于史前人类而言，主要是烧烤的熟食，还可能有腐化的生食。食物的腐化是一个缓慢的化学酵解过程，既改变了食物原本的性味，又变得比纯粹的生食易于消化。也许人类最早品尝腐食是迫不得已，几天的出猎一无所获，他们在途中偶然发现了腐烂的动物尸体，结果也能充饥，食用腐食的历史就这样开了头。后来在有了充足的食物时，人们有意制作腐食，享用熟食所不能提供的另一种滋味，那又另当别论了。

人类经历了漫长的没有烹调师也没有调味品的时代，但那并不意味着先民的饮食生活没什么滋味可言，相信那时人们的味蕾已经开始发达了。自然界里得到的生食本来就具有互不相同的滋味，会给人们还不很发达的味觉带来各种刺激。在狩猎采集时代，虽然火的使用使得人类可以熟食了，但饮食生活大约还是比较简单的。刚刚开始的熟食，是一种最原始的烹饪，既无炉灶，也不知锅碗为何物，陶器尚未发明，主要烹饪方式不过是烧烤而已。人们在感到饥饿时，将肉块直接投入篝火中烤一烤，未必像我们现在这样熟透了才吃。

火是重要的生产工具，可用于狩猎、烧荒，火又是食物生产的重要工具。正如有些学者指出的那样，火的使用使人类开始吃熟食，熟食缩短了咀嚼和消化过程，使食物变得柔软且在某些方面更富于营养，并减少了进食的时间和耗费的精力。食物的种类和范围也因之扩大，促进了人类体质的发展。使用火带来的第一个重要的结果，可能是人类食性的明显改变。过去一直以植物类食物为主，火的使用使得动物类食物显著增加，人类食性因之完成了向杂食的完全转变。

农耕时代到来以后，谷物成为主要的食物。谷物是不宜生食的，先哲曾推测说，先民最初可能是借用了烧烤肉类的方法，将谷物放在烧热的石板上烤熟，如《礼记·礼运》注云："中古未有釜甑，释米捭肉，加于烧石之上而食之耳。"这是古时对石烹时代的一种回忆，人类在饮食生活上可能确实经历过这样一个阶段。根据一些民族学资料考证，东北地区有的民族在烹饪时，以木容器盛上水，将食物放入水中，然后烧热小石子投入水里，如此往复数十次，水热了，水中的食物也就差不多熟了。东北的鄂伦春人也用这种方法，将水与食物一起放入桦皮桶内，用烧热的石块投入桶中将食物煮熟。不仅在东北，就是在南方，也能发现用这方法煮食的例子。如云南的傣族过去就是这样，在杀死一头牛以后，先在地上挖一个坑，把剥下来的牛皮垫在坑中，再盛上水，放进牛肉，然后投入烧红的石块，水开一会儿，肉也就熟了。还有独龙族和纳西族人在烙饼时，用一块圆形石板架在火塘上，把和好的饼浆倒在烧热的石板上烤熟。这种类似的石烹方式不仅在中国找得到例证，在世界上其他地区也似乎广泛存在过。罗伯特·路威在其所著《文明与野蛮》一书中有这样的叙述：荷匹族的妇女会拿玉米面烙薄饼，她先把玉米放在石板上碾成粉，拿水来调成粉浆，然后往那烧热了的石板上摊开。蕃古洼岛印第安人把水和肉装在木匣子里头，然后拿烧热的石子往水里丢，加州印第安人不用木匣而用不漏水的篮子。平原印第安人则在地上竖四根木棒，中间挂一个皮袋，或者在地上掘一个窟窿，四周铺以牛皮，然后搁水搁食物搁烧热的石块。这种古风在西班牙个别地方仍然可以见到，那个地方的巴斯克人煮牛奶的方法，便是拿烧热的石块往木桶里丢。

在不同地区不同种族中，所见的石烹方式如此的相似，除了用人类曾普遍经历过这么一个烹饪阶段来解释，恐怕再找不到更好的答案了。不仅在民族学资料中我们见到了这样多的证据，考古学也发现了一些古代石烹的遗迹。美国华盛顿州哥伦比亚河上游，发掘出一个早期印第安人遗址，遗址上发现了蚌壳化石和龟裂的烧石堆积，考古学家认定它是当时遗址的主人进行

西藏古格王国遗址出土的石釜

火食发端

无陶时代石烹图

熟食烹饪的证据。人们用涂泥竹篮盛水与河蚌，将加热的石块投入篮中烤熟蚌类。竹篮早已腐朽，连蚌壳也成了化石，但烧过的石块却成了一万多年前人类石烹活动的证据。

西藏高原西部的古格王国遗址也曾发现几百年前的石釜，有30多个，均为整块花岗岩凿成，有方形的，也有圆形的，高10至20厘米。这种石釜是专用于煮肉的，煮出的肉味道十分香美，口感独特。类似的石釜在藏族的现代生活中还有使用，在日喀则和山南，甚至包括拉萨在内，有不少藏民仍然喜爱用石釜烹饪，延续着古老时代留下的传统。

不仅在少数民族地区，即使是在汉族地区，远古石烹传统也仍在延续着。清代人著作中的"石子馍""石子炙"，可能就是上古石烹方式的遗留。清代《调鼎集》和《素食说略》中记述了石子馍的制法，用细面加香油、糖、盐揉成薄饼，在锅内铺小石子烧热，将饼置石子上烙熟。渭河边的农户家里至今还以这样的石子馍为美食。时光过去了以千数的世纪，人类还没有忘却自己那遥远的石烹经历。

烧烤固然为永恒的烹饪方法，但对于谷物而言，却不是非常适宜的，有时会感到诸多的不便利。人们想到应当寻找新的烹饪方式，让平淡的谷物变为真正的美味。

在采集狩猎者中出现了农人以后，在农人中又出现了陶工，陶工应当是人类社会第一批手工业者。陶工的出现，是原始的社会分工中意义非同寻常的事件。对于原始的农耕部落来说，陶器是他们最有用处的日用器具。稳固的定居生活离不开大量的容器，汲水、烹调、饮食、贮藏，都需要容器。在竹木皮囊之类的制品再也不能满足需要的时候，陶器便从史前熊熊的窑火中诞生了。

人类逐渐认识到了黏土的性能，懂得了它能在高温中产生质的变化，获得了最初的物化知识。黏土本为古老的岩石风化而成，加热至800℃以上，就能变成结构紧密的新型物质，这物质便是我们所称的"陶"。事先将黏土捏成一定的形状，焙烧后就是陶器了。在科学观念处于萌芽状态的史前人那里，认识到这种质的变化并不容易，要完成制陶术的发明就更是不易了。

在古代传说中，有三个人享有陶器的发明权，这三人是昆吾、神农、黄帝。佚书《世本》说"昆吾作陶"，还说"神农耕而作陶"，《古史考》说"黄帝始造釜甑"，总之那是十分遥远的事了。陶器应当是人类生活发展到一定阶段的产物，是长时期实验的结果。陶器主要用于农耕部落的饮食生活，它是因烹饪的需要而发明的，"耕而作陶""始造釜甑"的说法也是极有道理的。

制陶术在中国的发明，可以追溯到距今一万多年前。在华南地区的一些洞穴遗址中发现了经测定为一万多年前的破碎陶片，火候较低。在江西万年仙人洞遗址的新石器时代早期地层里，出土了数百片陶器残片，陶片胎体厚重，夹有砂粒，表面遗有草把涂刷留下的乱条纹装饰。湖南道县玉蟾岩遗址，也发现了火候低质地疏松的陶片，时代与仙人洞的接近。在北方的河北徐水南庄头和北京的东胡林等遗址，也出土了年代相近的粗糙陶片。

到了距今7500年前后时，制陶业已较为发达，工艺技术渐趋成熟，简单的彩陶也开始出现了。到了距今6000年前后时，制陶术的发展进入到一个高峰时

龙山人制陶图

期,陶器的火候较高,器形变化较多,器表装饰多样化,彩陶比较普及。此后制陶术又有了明显的进步,轮制技术普遍采用,出现了薄胎陶器,磨光黑陶和蛋壳陶技术代表着这一时期的最高水平。

陶器也许正是在人们对新烹饪方式的寻找中发明出来的,早期陶器器类多为釜罐等炊具,这本身就是一个很好的说明。中国在新石器时代制成的陶质炊具主要有釜、甑、鼎、鬲、甗、鬹等,它们的功用主要是蒸煮,而不是炮炙。烹饪的对象不同了,烹法也就有了明显的改变。中国多数新石器文化中都发现了形态各异的陶鼎,这些鼎除了作为炊器,也作为食器,这种"鼎食传统"对早期文明社会产生了很大影响。

我们现代人所熟知的甑,在陶器出现之初还没有被发明,它是人们对谷物烹饪又有了新的要求后才创制出来的。在用釜鼎类炊具烹饪时，人们得到的只是粥与羹之类的流质食物。当先民对蒸汽有了认识，又希望得到口味不同的非流质食物，这时甑就被发明了。中原地区在仰韶人的时代已开始用陶甑烹饪，只是还不怎么普及，到龙山文化时代甑的使用就相当普遍了，许多遗址里都出土了甑。

在种植水稻的长江流域，甑出现的时代要稍早一些，河姆渡人已制成了标准的陶甑，不过使用并不普遍。时代更晚的崧泽、大溪、屈家岭人则已大量使用甑作为炊器。远古先民用甑烹饪，是将甑套在釜、鼎、鬲上，利用这些炊器产生的蒸汽将食物烹熟。后来在龙山文化时代，更是制成了甑鬲合体的新型炊器，这就是考古学家所说的甗。这种炊器似乎最早出现在长江流域，后来在南北方都普遍使用。鼎、鬲给人们提供的主食是稀粥，有了甑以后，人们就有更多吃干饭的机会了。虽然还是同样的粒食，但干饭为人们体质的增强提供了新的物质基础，我们还由此看到原始农业有了新的发展，粮食有了较多的剩余。

湖南道县玉蟾岩遗址出土的陶釜

甑的发明不仅是一种解决吃饭问题的技巧，还具有更深的文化意义。原始蒸法是人类利用蒸汽能的最早实践，这是东方饮食文化区别于西方饮食文化的一个明显标志。要知道直到今天，西方人在烹饪时还极少应用蒸法，甚至在一些国家厨师连蒸法的概念也没有。正因如此，东方是以蒸法见长的，所以做出来的是米饭馒头；西方是以烤法见长的，所以人家的主食是面包。

在河姆渡文化和仰韶文化中，可见到形制不同的陶灶，仰韶人还使用一种烙饼的陶鏊，这些炊器表明了史前烹饪方式的多样性。考古还发现了新石器时代居民使用陶器进行烹饪的直接证据，如河姆渡遗址见到残留有鱼骨和大米饭粒的陶釜，宝鸡北首岭遗址的一座墓葬中随葬有盛着两条草鱼的陶罐，胶州三里河大汶口文化墓葬出土的陶鼎中也有鱼……许多陶器出土时表面都带有烟炱，有的陶器则是直接从先民的火塘中发现的。可以说，没有陶器，就没有史前人类真正的烹饪。

人类的火食自发端以后，在史前大体经过了烧烤、石烹、陶烹几个阶段。

浙江杭州跨湖桥遗址出土的陶甑

烧烤没有采用什么中介传热物质，直接将肉物放在火上烤熟。石烹的导热物质有时是水，有时是固体的石块。陶烹主要以水为导热物质，蒸法又将水导热方式转换为气体导热方式。在文明时代又有了用油导热的烹饪方式。这种不同的导热物质在烹饪上的运用的过程，不仅体现了人类在科学认识上的一次次飞跃，也体现了人类文化一次次的积累与进步。越来越完善的饮食活动使人类的体魄得到了不断的进化，也越来越丰富了人类文化的内涵。

数不清道不明的琼结藏王陵

吐蕃历史上有许多位赞普，对于一般粗识西藏历史的人来说，也许我们只知道其中的一位赞普，他就是娶了大唐文成公主的松赞干布。从一些藏文史籍中，我们大致可以知道一些赞普陵墓的所在地，其中也只有松赞干布的陵墓位置最为明确，是在西藏琼结城附近。传说松赞干布前后的十多位赞普也都与他葬在同一个陵地，这个陵地通常称作"藏王陵"。

琼结附近一带，是松赞干布建立统一的吐蕃王朝前雅隆部落活动的中心地区，是雅隆部落的发祥地。松赞干布迁都拉萨后，开始在琼结大规模营建赞普陵地，许多赞普都归葬到了这个陵地。据藏文史籍的记载，琼结藏王陵较大的陵墓都分筑有几个墓室，墓中盛满了金银、宝石和丝绸等。藏王陵规模宏大，虽然历经了吐蕃时代末期的大规模盗掘劫难，经历了千余年的风雨剥蚀，多数墓冢至今依然巍然耸立在琼结河畔。我们可以推想，藏王陵一定包容着许多吐蕃时代的秘密。事实上藏王陵本身就已经成了一个难解的谜，除了松赞干布陵，人们对陵地中有多少座墓冢、葬有多少位赞普和每个赞普的具体陵位都早已不甚了了。

一、陵分东西两不同

依据藏文文献研究，琼结藏王陵分布在顿卡达和穆日两个有一定距离的地点。藏文"达"为沟口、溪口之意，"顿卡达"即顿卡溪口或顿卡沟口，文献上载明的顿卡达现在名为"东嘎"，为同一地名的不同译音。东陵区所在地名为东嘎，陵区正处在东嘎沟口位置。穆日又译作"木惹"，指的是穆日山。西陵区所在地附近的山名为木惹。这也即是说，史籍中提到的这两处吐蕃王陵，都在琼结附近。陵墓除少数几座建在山腰和山脚位置，一般都建在琼结河和东嘎沟的河滩上。

琼结藏王陵的分布确实存在两个分区，琼结河与木惹山之间的西陵区陵墓数量较多，陵墓封土的规模也大得多。东西两区占地350多万平方米，东西长约2500米，南北宽约1500米，两区相距约800米。东陵区一共发现有7座陵墓，包括以往习惯上归入西陵区的一座。这7座陵墓的排列没有明显的规律，有3座分别建在沟口左右两侧的山脚位置，其他几座则建在河床上。西陵区一共发现有13座陵墓，包括新发现的2座陵墓。这些陵墓中有几座由琼结河边往木惹山腰呈一字排列，非常壮观。几座规模较小的陵墓比较集中地建在这一列陵墓的前方。这群陵墓中有两座因高度较低，过去没有被发现和确认。另外在这一列陵墓后方稍远的位置，还发现有一处稍高的土台，推测也应是一处陵墓。

琼结藏王陵多保存有高大的封土堆，较大的陵墓封土边长在100米以上，高出现在地面10米以上。这些封土的形制以平面形状而言可分为两类，即方形和梯形，文献上说还有一种圆形的陵墓，但在陵区并不能确认有这样的陵墓。封土以土石分层夯筑，在侧边可见明显夯层。

东西两区保存都不算好，不同程度地受到自然和人为的一些破坏。两区陵墓半数以上都直接坐落在河床或河旁台地上，有的免不了要遭受山洪的冲刷，有的则禁不住风雨的侵蚀而改变了原本的模样。多数陵墓都经历过盗掘的劫难，墓顶中心早年留下的巨大盗洞依然令人触目惊心。从整体情况看，大型陵墓外观上保存得略好一些，高大方正的封土至今巍然耸立；小型陵墓保存较差，有的勉强可以看出一点形迹，有的则几近湮没，只在早年的航片上留下一点影像。

残垣与藏王陵

二、数不清的藏王陵

　　藏王陵究竟有多少座陵墓？这好像是不成问题的问题。藏文史籍上说是有不少于21座陵墓，半个多世纪以来，虽然不断有人对藏王陵进行考察研究，但是研究者们怎么也没找到21座陵墓，他们有的说有8座，有的说12座，最多的也只确定有17座。陵墓大小高低相差较大，分布排列也不大齐整，加之周围地貌多变，有了这多重的原因，过去没有数清藏王陵的数目也就并不奇怪了。

　　藏王陵西陵区共有陵墓13座，除个别陵墓外，大体可划分为东西两列，西边一列排列较为整齐，陵墓封土堆的规模也比较大。如1号陵位于琼结河边，是整个陵区中位置最北的一座。封土平面接近方形，顶小底大呈覆斗形。墓底长130米、宽124米，现存高度18米。墓顶中央建有寺庙一座，庙壁有以藏文标注的吐蕃陵位说明。2号、3号陵在1号陵以东，三陵平行排列。4号陵位置在木惹山山脚下，在3号陵东南一侧，封土规模较小，现存高度也较低。5号陵在4

守望昆仑

1号、2号陵

3号陵

数不清道不明的琼结藏王陵

5号、6号陵

17号、18号、19号陵（自右至左）

号陵东侧,地处坡地,随东高西低地势而建。6号陵位置最高,位于木惹山山腰上,在5号陵东南,规模与1号陵接近,封土高度30多米且封土东西两侧各有一具石狮,东侧一具保存尚好,面向陵墓封土。7号陵在3号陵以北略偏东位置,墓底南北长89.5米、东西长99米,封土高度11米。封土东侧36米处有赤德松赞碑,整碑露在地面的部分不足3米。1984年进行了清理,得知碑下部埋入地下4米多。石碑连座通高7.18米,碑正面向北。碑刻颂扬赤德松赞的碑文,此碑成为判断7号陵墓主的重要证据。8号陵在7号陵东南,规模较小。8—12号陵规模都比较小,相对集中地分布在3号、5号陵的北部。11号和12号陵封土较低且保存不好,过去被调查者忽略了,由航片读取影像,再经现场勘定证实了它们的存在。13号陵在3号、4号陵以南较远的位置上,也是这一陵区所见的最为孤立的一座陵。

东陵区的位置在西陵区的东北方向。由所见封土观察,东陵区共有7座陵墓,保存都较差,多数遭到过盗掘,封土中央也留下盗坑痕迹,有的陵墓封土大半已被掘平。与西陵区相比,这里的陵墓规模较小,封土堆低矮。东陵区陵墓排列也不整齐,彼此间的距离不定,分布有的较为集中,有的则较为分散。其中14号陵位于东嘎沟口以南木惹山前,封土南北长42米、东西长32米。15号陵位于东嘎沟南山脚下,在14号陵东南方向,封土平面呈梯形。16号、17号、18号、19号陵均坐落在河床沙滩上,16号陵几乎就建在主河道不远处,现存高度仅2.5米。17号陵在东嘎沟口偏北位置,与东北方向的18号、19号陵距离很近,三陵并列。19号陵紧靠18号陵,封土平面为长方形,南北长94.5米、东西长46.5米,现存高度约6米。以它的长宽比观察,长度超过宽度的1倍还多,怀疑应是并列的两座墓。20号陵位于东嘎沟北的山脚下,在19号陵的北部,封土规模也不算大。

整个琼结藏王陵现存的陵墓,西陵区有13座,东陵区有7座,合计20座。这是由40多年前的航片结合现场踏勘确定的一个数字。由于洪积作用,原本较为低矮的小型陵墓有可能已湮没于地面以下,不过消失的陵墓数量当不会太大,也即是说,陵地原有陵墓数目不会超出20这个数目太多。

三、埋葬在琼结的赞普们

琼结藏王陵现在能确定的这20座陵墓究竟埋葬着哪些赞普？每一座陵的主人又是谁？这是令研究者颇费功夫查考的问题，我们知道，要得到满意的答案是非常不易的。

在藏文古籍中有几部著名的都记录了琼结吐蕃王陵，如《弟吴宗教源流》《雅隆尊者教法史》《王统世系明鉴》《汉藏史集》《贤者喜宴》和《西藏王统记》等。这些藏文文献提到包括松赞干布在内的6—9世纪吐蕃赞普的葬地时，出现最多的是两个地名：敦卡达（顿卡达）和穆日山（木惹山），这就是琼结的东嘎沟和木惹山陵地。我们现在所说的藏王陵，通常是指西陵区。史载，西陵区是从松赞干布时期开始营建的。吐蕃王世系由松赞干布算起，经历了10位赞普之后，吐蕃王朝解体。这10位赞普中除贡松贡赞和赤祖德赞葬在东嘎陵区（东陵区）外，其余的都与松赞干布葬在木惹陵区（西陵区）。葬在西陵区的还有赤德祖赞之子绛察拉本和朗达玛之子微松2人，合计11人。史载，葬在东陵区的吐蕃赞普及王族成员，有贡松贡赞、赤祖德赞，可能还有牟底赞普，除此以外，还有赤涅桑赞、朗日松赞和达日宁色及其王妃等。

西陵区自松赞干布时开始营建，从他开始去世的赞普一般都葬在这里，只有个别赞普因意外死亡而被埋入东陵区。东陵区可能是在赤涅桑赞时开始营建的，埋葬的赞普并不多。霍巍先生认为，东陵区主要有两类陵墓，一类是吐蕃王朝建立之前先君先王的陵墓，一类是王朝建立之后夭折的王子和非正常死亡的赞普的陵墓。这些陵墓规模较小，与西陵区形成了鲜明对照。事实正是如此，如赤涅桑赞、达日宁色、朗日松赞就是松赞干布之前的先君先王，而贡松贡赞是松赞干布夭折的王子，牟底赞普是因祸死于家人之手，赤祖德赞则是被谋杀的。

藏王陵东西两区的明确划分，应当是事出有因的。这种区分是从松赞干布时期开始的，也即是说，吐蕃王朝的盛期才开始有了大规模陵墓的兴建。我们相信在陵墓中曾经封存着吐蕃王朝的历史缩影，只是由于盗墓者的介入，这缩影可能早已被无情地击碎了。

四、西陵区的墓主人

藏王陵虽然可以确定不下20座陵墓，但是我们对这些陵墓的主人却并不十分清楚。现在的研究者似乎只是对其中的1号陵和7号陵等少数几座陵墓的归属没有分歧，对多数陵墓的主人都没有确定的判断。如7号陵的主人一致认定是赤德松赞，1号陵的主人曾被认为是赤祖德赞或赤松德赞，现在多认定是松赞干布。2号陵的主人有的认为是赤松德赞，也有的认为是赤德祖赞或芒松芒赞。对3号陵的主人，认识分歧更大，牟尼赞普、赤德祖赞、赤松德赞和都松芒布支都曾被认为是墓主。之所以产生这样的分歧，除了研究者对陵墓的分布规律不清楚，对文献记述的理解也有出入。要比较准确地判定每一陵墓的主人，没有细致的分析是不行的。

在西陵区，文献记述的一组主要陵位关系是，松赞干布陵之左是芒松芒赞陵，再左依次是都松芒布支陵、赤德祖赞陵，其中松赞干布是葬在琼结河谷的，而赤德祖赞是葬在木惹山上的，据此可以判定文献上说的左为东南方向、右为西北方向，即临河为右，依山为左。从松赞干布到赤德祖赞，这几座陵墓大体是从西北到东南方向呈一字排列，而且这几座陵墓多是坐南朝北的，这可以由赤德松赞墓碑朝北的事实论定。这样说来，在文献中记述陵墓具体位置的作者，是背北向南站在面对陵区的角度言说左右方位的。至于前后方位，就不难判断了，应是以陵墓的面向为前、坐向为后，大致是以北为前、以南为后。有了这个方位关系，就可以根据文献中记载的陵位关系具体确定陵墓的主人了。根据文献中对陵位关系的叙述，可以找出以下几个关系组。

第一组关系的中心是赤德祖赞陵，它的前方有绛察拉本陵，右前方有牟尼赞普陵，右后侧是赤松德赞陵，右边为都松芒布支陵，右前方还有赤德松赞陵。

第二组关系的中心是都松芒布支陵，左有赤德祖赞陵，右有芒松芒赞陵，前有赤德松赞陵，后有微松陵。

第三组关系的起点是松赞干布陵，左有芒松芒赞陵、都松芒布支陵，左边还有赤德祖赞陵。

这几组关系的重点主要有赤德祖赞陵、都松芒布支陵和松赞干布陵等几座陵墓。其中最重要的是大体处于中心位置的赤德祖赞陵、都松芒布支陵、赤松德赞陵、赤德松赞陵和牟尼赞普陵等陵墓，而且这还是一个比较明确的多角重叠关系。在西陵区的中心部位正巧存在这样一个多角陵位关系，我们可以首先将这几位陵墓主人确定下来。按照文献中记述的相对方位推测，可以理出这样的陵位关系。

文献中直接提及与木惹山相关的有赤德祖赞陵、都松芒布支陵和赤松德赞陵。几部文献中都说赤德祖赞陵建在木惹山，陵名"拉日祖南"，意为在神山天顶，这当是指陵区位置最高的6号陵。都松芒布支陵也建在木惹山，陵名一为"僧格则巴"，为狮形墙之意，另一名为"拉日巾"，为神山近旁之意，5号陵当为此陵。赤松德赞陵亦在木惹山，在父赤德祖赞陵右后侧，陵名"楚日祖南"，有神变山顶侧之意，4号陵当为此陵。西陵区建在木惹山山麓上的陵墓正好是3座，即4—6号，分别为赤松德赞陵、都松芒布支陵和赤德祖赞陵，这与前面判定的陵位关系也正相吻合。

我们还知道，赤德祖赞陵、都松芒布支陵和芒松芒赞陵都位于松赞干布陵之左，也就是说松赞干布陵应当是最右边的一座，这一组由河边至山腰的陵位关系十分明确。河边的1号陵可以确定为松赞干布陵，那2号、3号陵中必有一

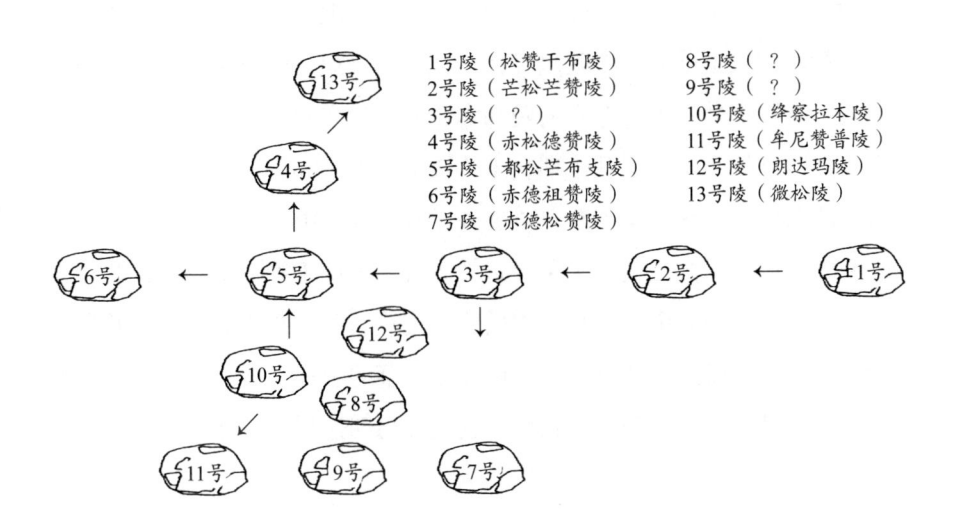

1号陵（松赞干布陵）　　8号陵（？）
2号陵（芒松芒赞陵）　　9号陵（？）
3号陵（？）　　　　　　10号陵（绛察拉本陵）
4号陵（赤松德赞陵）　　11号陵（牟尼赞普陵）
5号陵（都松芒布支陵）　12号陵（朗达玛陵）
6号陵（赤德祖赞陵）　　13号陵（微松陵）
7号陵（赤德松赞陵）

座是芒松芒赞陵。

赤德祖赞陵的方向与其他陵有明显区别，它不像西陵区的多数陵墓都是坐南或西或西南方向而朝向北或东北，而是朝向北略偏向西，背山面河。文献中所说的前与后，要具体分析，说赤德祖赞陵的前方，一定是指北偏西的方向。文献中记述的与赤德祖赞陵有直接方位关系的陵墓，有前方的绛察拉本陵，右前方的牟尼赞普陵，右后侧的赤松德赞陵，右前方还有赤德松赞陵，它本身又位于都松芒布支陵左侧。依这样的关系可以判定，它前方的10号陵为绛察拉本陵，右前方的11号陵为牟尼赞普陵，右后侧的4号陵为赤松德赞陵，右前方较远处的7号陵为赤德松赞陵，右边紧临着它的5号陵则是都松芒布支陵。

7号陵旁因立有赤德松赞陵墓碑，可以确定为赤德松赞陵无疑。关于绛察拉本陵，或记述在其父赤德祖赞陵前（《汉藏史集》），或记述在其祖父都松芒布支陵前（《西藏王统记》），两说并不矛盾，所指为同一方位，即10号陵所在的位置。而牟尼赞普陵多数文献记述的都是在赤德祖赞陵的右前方，11号陵应当就是牟尼赞普陵。

还有朗达玛陵，《汉藏史集》说这位末代赞普的陵墓位于都松芒布支陵和赤德松赞陵之间，《雅隆尊者教法史》则说是在都松芒布支陵和赤松德赞陵之间。两种说法有一个共同点，即朗达玛陵与都松芒布支陵有明确的关系。过去一些研究者实地查勘，认为在两陵间并无第三陵的痕迹可寻。我们在航片上发现，两陵之间实际上存在一个陵位影像，于是在实地考察时予以特别关注。结果发现在相应位置上确有一个陵墓存在，只是不见规整的封土堆，它应当就是朗达玛陵，位置正处在都松芒布支陵和赤德松赞陵之间。《汉藏史集》还说朗达玛陵兴建时已处于吐蕃王朝末期，未待竣工即被废弃。这样看来，朗达玛陵只是有个陵名而已，这位末代赞普可能并没有入葬其中。

还有朗达玛之子微松陵，《弟吴宗教源流》说位于神变王（都松芒布支）陵后面，《汉藏史集》记载也是在都松芒布支陵后面。在相应位置上并没发现有这个陵位，但在航片上却见到一处可能是陵墓的影像，地势略高于附近的农田。这个位置可能是微松陵的所在地，它也许与朗达玛陵一样，是一个未能建成的陵墓。

西陵区的陵墓，还有几座不明墓主，它们是3号、8号和9号陵。

从陵位可以看出，西陵区的布局前后有过变化，前期较为规范，后期则显得章法不一。前期有4座陵墓，由西北向东南一字排列。后期因陵位已近山前，无法再向山上发展，于是在山脚左右布列，改变了原先较为整齐的陵位排列规矩。从文献中看，在西陵区吐蕃赞普子承父位或孙继祖位者，早期陵位大体是横行排列，如从松赞干布陵到芒松芒赞陵、都松芒布支陵到赤德祖赞陵，是由右至左一字排列。由于赤德祖赞陵的位置已接近山顶，他的子孙的陵位便不再接着往左排过去，而是改在前后附近位置。如赤德祖赞之子绛察拉本和赤松德赞，两子葬在父亲陵墓的附近，一前一后，大体纵向排列。又如赤松德赞之子牟尼赞普和赤德松赞，也葬在父亲陵墓的前方。赤德松赞之子朗达玛，则葬在了父陵的后方。同样，王子微松也葬在父王朗达玛陵的后方。

还有一种可能是，在都松芒布支以前，琼结陵区包括松赞干布在内的吐蕃赞普的陵墓，一般都葬在河滩上，而都松芒布支、赤德祖赞、赤松德赞、牟尼赞普和绛察拉本几代都是葬在山上和山脚的河岸边。这可能意味着两种情况：一是芒松芒赞入葬以后，琼结河出现过较大水位，河滩上已不能修建陵墓；或是在芒松芒赞陵左近，就是当时的琼结河主河道，后来在赤德松赞时河道改到松赞干布陵右方（北方），原来的河道淤塞抬高，于是后来的一些陵墓就都葬在了废弃的河道上。总之是在那个时段内，那一范围不适宜修建陵墓，而到后来水势有了改变才有陵墓出现，这些陵墓现在所知共有6座之多。西陵区这一横一纵的陵位排列方式的变化，除了因受山势水流的限制，不知会不会还有其他更深层的原因。

五、东陵区的墓主人

东陵区共有7座陵墓，陵墓的规格较小，保存也不大好，历来不为研究者所注意，人们通常都忽略了它的存在。自西藏自治区文物管理委员会对东陵区展开调查及霍巍先生对东陵区性质的明确阐发后，这一陵区的研究开始受到重视。

从文献记载来看，葬在顿卡达（东嘎沟口）的有赤涅桑赞、达日宁色、朗日松赞、贡松贡赞、赤祖德赞等。赤涅桑赞是最早葬入顿卡达的，陵位在达日宁色右方。东陵区各陵墓的方向不易确定，整体感觉陵区应当是坐东南朝西北，面对琼结河的，但个别陵墓的方向并不统一。记述者当是面对东南方向的东陵区，以东北方向为左、西南方向为右。达日宁色陵位于赤涅桑赞陵左上方，达日宁色的两位王妃也葬在他的陵墓旁边。朗日松赞陵在赤涅桑赞陵右边，《西藏王统记》说他的陵墓随葬品较多，封土如肩胛形状，所以得名为"贡日索嘎"（肩胛形雪山）。贡松贡赞的陵位一般记述是在朗日松赞陵左方，只有《弟吴宗教源流》说是在朗日松赞陵之右。赤祖德赞陵在顿卡达左面。牟底赞普也葬在顿卡达，但陵位记述并不明确。赤涅松赞和达日宁色之间还有一代赞普名为珠年德（仲年德如），据文献记载其陵墓建在香达，不在琼结两陵区范围内。

以这些记载统计，在顿卡达当有8座陵墓。东陵区现存7座陵墓都可以确定墓主。东陵区几座主要陵墓位置的相对关系，按照由左至右的方向排列，基本关系式如下：

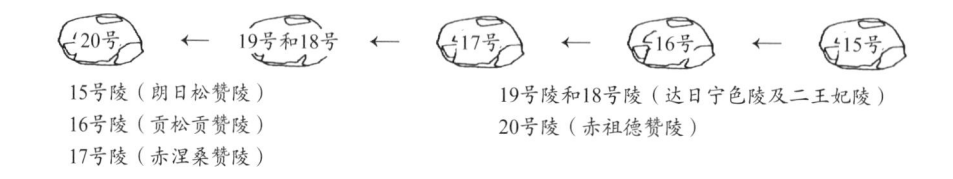

20号　←　19号和18号　←　17号　←　16号　←　15号

15号陵（朗日松赞陵）　　　　　　19号和18号陵（达日宁色陵及二王妃陵）
16号陵（贡松贡赞陵）　　　　　　20号陵（赤祖德赞陵）
17号陵（赤涅桑赞陵）

据文献记载，赤祖德赞葬在顿卡达左角或左面，说明他的陵墓应当在东嘎沟口的左侧，而且是最左边的一座，即20号陵。往右是达日宁色陵及二王妃陵，即19号、18号陵。其中19号陵平面为不常见的长方形，估计是两座靠得较近的陵墓合为一体了。这样19号、18号的位置实际上是3座陵。史载，葬在达日宁色陵近旁的还有他的妃子卓萨木赞与墨甫坚赞，应当就是这3座距离较近的陵墓。再右是赤涅桑赞陵，当是17号陵。再往右至木惹山脚有一座梯形陵，即15号陵，应是朗日松赞陵，与"肩胛形"陵名吻合。文献记载朗日松赞陵在赤涅桑赞陵右边，又说贡松贡赞陵在朗日松赞陵左边，这样的话，贡松贡赞陵当是在赤涅桑赞陵和朗日松赞陵之间，那就应当是15号陵无疑了。

东陵区还有14号陵无主，史载牟底赞普也是葬在顿卡达的，但没有说明陵墓何在，有可能就是14号陵。过去研究者多以为14号陵墓主为赤祖德赞，而且将它并入西陵区讨论，这就把本来简单的问题弄得更加复杂了。

六、陵墓的最新派位结果

以前人的研究为起点，通过文献查考、航片判读和现场勘测，我们知道琼结藏王陵确可划分为东西两个陵区，即东嘎陵区和木惹陵区。东西两个陵区埋葬的死者有所不同，木惹陵区多埋葬吐蕃王朝盛期的赞普，东嘎陵区则主要埋葬松赞干布之前的吐蕃先君先王和意外死亡的赞普、王子等。

西陵区查明现有陵墓13座，东陵区有7座，两区合计有陵墓20座。如果将19号陵作为两座陵，则合计有陵墓21座。具体判定结果是：

西陵区

1号陵（松赞干布陵）、2号陵（芒松芒赞陵）、3号陵（？）、4号陵（赤松德赞陵）、5号陵（都松芒布支陵）、6号陵（赤德祖赞陵）、7号陵（赤德松赞陵）、8号陵（？）、9号陵（？）、10号陵（绛察拉本陵）、11号陵（牟尼赞普陵）、12号陵（朗达玛陵）、13号陵（微松陵）

东陵区

14号陵（牟底赞普陵？）、15号陵（朗日松赞陵）、16号陵（贡松贡赞陵）、17号陵（赤涅桑赞陵）、19号陵和18号陵（达日宁色陵及二王妃陵）、20号陵（赤祖德赞陵）

现在看来，藏王陵的数目已经查得较之前清楚一些了，陵位也更加明确了。当然，赞普们原本的陵位究竟是不是如此，我们现在还没有完全的把握。最终的结果，可能只有等待发掘去确定了。

雅鲁藏布江边的明珠：朗色林

我们了解西藏，由自然景观而言，一般是从珠穆朗玛峰和雅鲁藏布江开始的；由人文景观而言，则往往是从布达拉宫和大昭寺开始的。对于我来说，最让我感受到心灵震撼的是布达拉宫，不论从拉萨城的哪个角度眺望，她都是那样的高大雄伟。我想，在雪域高原，像布达拉宫这样宏伟的古代建筑可能不会有了。不承想后来我看到了一处高度稍次于布达拉宫的庄园建筑，我又想，曾与珠穆朗玛峰交辉的古代藏族高层建筑，一定还有若干座。这座古代庄园，名字叫朗色林。她的巍峨与壮美，也同样深深打动了我。

那是二十多年前，我拜访了朗色林。汽车离开拉萨，在曲水过雅鲁藏布江，然后一直沿着江南岸河谷往东行进。过贡嘎，入扎囊，进入一片开阔的河谷盆地。顺着宽阔的雅鲁藏布江望去，江北就是著名的桑耶寺，而在江南与她呼应的，就是那座被称作朗色林的高大的庄园建筑。她们就像是镶嵌在雅鲁藏布江边上的两颗明珠，一个壮丽辉煌，一个巍峨纯粹，让路经这里的人顾盼流连。

车子往南离开公路，下到一条岔路缓缓行进，在进入山前一个很大的村子前，老远就看到了一座高高的建筑，那鹤立鸡群的样子真是让人心动，那就是朗色林。

朗色林由两重方形围墙包裹着，由围墙东面的大门进入庄园。庄园的主体建筑是位于院子中心偏北的主楼。主楼形体硕大，坐北朝南。这是一座高七层的庞大建筑，总体高度达22米，是雪域现存仅次于布达拉宫的高层古建筑。在院子里观瞻，须得高高扬起头颅，看那楼顶直插天际，楼随云移，景随人换，有一种特别的感受。

庄园主楼的墙基高7米有余，用石块砌筑。墙体用泥土夯筑，厚约1.5米，夯层间夹有加固的石板。面向东方的外墙还保留有石块包砌的墙面，在显著位置嵌入刻有八宝图案的玛尼石，使得整座建筑于高大雄伟中透出一种细腻与质朴的风格。

在主楼的南面，建有高两层的门楼，门楼楼柱粗大，出檐平齐，是全楼主体表面的一个重要装饰。门楼建在一座高台上，高台前部和东部两面设有阶梯。拾级而上，进入高台上的门廊，这里已属主楼的第三层。看着门廊内堆满了青稞麦秆，让人觉着这里早已是人去楼空了。

主楼的第三层和第四层原本是经堂和库房，下面的第一层和第二层主要是库房，上面的第五层是甘珠尔拉康和神殿，第六层是庄园主的住房和小经堂，第七层建有护法神殿。经堂和神殿里供有青铜佛像和手写《甘珠尔》，壁上绘有佛画。主楼的顶部已有大面积坍塌，高大的楼体岌岌可危。

庄园主楼外建有双重围墙，围墙基础垒石而成，上部夹石夯土。外墙基底宽近5米，高约10米，宽大厚重，让人望而生畏。为护卫庄园，内围墙的四角还建有碉楼。据说在内外墙之间，原来还掘有宽约5米的壕沟。如今看着藏族少年从坍塌的墙洞下嬉戏走过，我猜想他们可能根本就不知道为什么要筑这么厚的墙，又是怎样盖成了这么高的楼。

院墙内，还建有一些配房，包括马厩和牲畜圈等。在院墙外，北面是一处打麦场，南面则是一处花果园。

朗色林庄园兴建于14世纪的帕竹政权统治时期，传说庄园的建成经历了数十年的时间。这是一座少见的贵族庄园，据说这个家族历史上出过一些比较著名的人物，如多吉扎寺的两位活佛和大学者罗桑益西等。

当汽车重新开上公路，朗色林的身影已渐渐远去。这时再细一打量，才看到她已现龙钟老态。六百多年的风雨过去了，那些人和事都已成了历史，可是

守望昆仑

朗色林

朗色林主楼

雅鲁藏布江边的明珠：朗色林

朗色林主楼的外墙

朗色林主楼的内景

103

朗色林却依然屹立在人们的眼前！

  现在想来，深深印在我脑海中的朗色林，自那以后，她又在风雨飘摇中度过了十多年光景。也许她的容颜愈加衰老，梯毁楼塞，早已无法登临。也许有巧匠为她梳洗，重现她往昔的风姿，让她永远守望着她面前的雅鲁藏布江。

  雅鲁藏布江边的朗色林，你还好吗？

西海考古小札（上）

东海是海，西海却是湖。

那个西海，就是青海湖。

眼看着就要到50岁的年纪，我开始了西行的漫长旅程。前后几年的光阴，一季一季地抛撒到西海所在的高原上。那里有动人的景致，有意外的发现，还有难忘的点滴故事。

又是二十多年过去，留下的一本本札记，重读起来甘苦掺杂，感觉别有滋味。

一、未黄河：史前的风雨

黄河，自然是因河水泛黄而名。可是那一段水流，却是清亮亮的，那是未黄河。我在未黄河两岸，感受到了史前的风雨，有时淅淅沥沥，有时又一阵紧似一阵。

1998-09-26　开拔

那个遥远的西海之地，神秘，玄奥，虽然是心向往之，却迟迟不敢涉足。只有一个说头，人家瑞典人安特生早年在那儿下了那么大功夫，你想再要有所突破，难，不是一般的难。所以，那个地方，不能去的，也不必去。

可是，上面传下口令，说那地方需要我去，新老交替，看中我了。经过了三年之久的搁延，我终于还是不得不踏上了这并不情愿的旅程。四天前，我还在更遥远的印度尼西亚苏拉威西岛考察史前岩画，现在将要到黄河上源去做一个发现梦了，更多感到的是一种悲情，身不由己。

早8:50乘75次列车往西宁，同行的还有YML，我多年的搭档，也因我而连带着远征西海。匆匆离家出门，与出走无异，也没有给家人留下舒心的感觉，只能将后悔写到奔驰的车厢里了，心情实在是糟糕得很。

好在这次行期并不算长，只是去"踩点"，选择一二处适合长期工作的地点，希望顺利一点，也希望有所收获。

1998-09-27　途中

晚间在车上休息不好，哐当哐当的，难以入眠，不过心情有所调整，稍觉沉静。

天明时车过天水，这是数度游历过的故地。想起十多年前在此留下的两段光阴，也都是并不乐意的往事。这一生本不应当与大西北有太多干系的，却总是事与愿违，也只好由他去吧。

车过甘谷，窗外是一大片甘美的谷地，宁静富庶的一方水土，深深印在脑中。

窗外的渭河，成了一条越来越细的小溪。破碎的黄土塬包裹的万千往事，许多都随着无情的流水流走了。

下午5:30，火车安抵西宁，XXG与WGD二位所头在月台接站。夜宿北大街通天河宾馆，这一带七年前曾经来过，那是为了中转经唐古拉跋涉西藏，旧地重游，无大变化。W在附近的湘菜馆为我俩洗尘，饮了一点黄酒，加冰糖和枸杞烫热，味道略似米酒，感觉蛮不错的。

与X、W二位所头交谈，报告了工作的初步想法，重点打算放在海东一带，待明日往省文化厅汇报后再作决定。

1998-09-28 黄河两岸

上午往省文化厅、文物局见SSX、LZX等负责文物口的领导，他们表示支持这次的调查选点工作，当即安排了车辆和配合调查的人员。接着往省考古所，会见老所长LYG，详细商定了具体行动路线。

决定：第一站到尖扎，经化隆、循化、民和，10月4日回西宁，行程计划为七天。此行重点，选定在民和。

下午3时出发，车东行至平安，往南直奔黄河一线。途中翻越海拔3200米的元石山口，然后一路滑下，至黄河边海拔降到2000米。

碧绿清澈的黄河水缓缓地向东流去，全然不是以往心中留下的黄水印象。黄河在这里，应当有另外的名字吧。两岸林木葱茏，田畴齐整，与湟水谷地的景色明显不同。

车子沿着黄河北岸行驶了一段后，远远望见一座跨河大桥。L所长说，目的地就要到了，大桥的南端，就是尖扎县城。

离开西宁两小时后，我们便抵达黄河南岸的小县城尖扎，宿黄河宾馆。宾馆豪华的设施与简陋的街道极不相称。

今天天气不错，预报明天也可以，希望这几天都可以。

1998-09-29 查考

昨晚睡得不好，但比在西宁的感觉要好一些。用过早餐，沿加让河入山调查。这是一条乡镇公路，路况极差，加之正在大规模修整，行进非常困难。10公里路程，车行用了近一个小时。

重点踏勘了罗洼林场后台遗址，地层堆积很好，属马家窑文化早期。面积为2.5万平方米，文化层厚1.5米。地面暴露较多陶片等文化遗物，灰层明显。这是一处省级文物保护单位，位于加让河北岸比较平坦的台地上，高出河面约100米。

台地下方有公路通过，有县属林场。将来如果开展工作，条件相对比较便利，可以作为一个预选目标考虑。

中午回尖扎用午餐，工作餐每人3元，能吃饱。

下午离开尖扎，沿黄河西上。

沿黄河南岸往李家峡，途中于格曲新滩墓群一过。这里已是一片果林，地表无迹可寻。这是一处半山文化墓地，如开展工作，难度较大。

夜宿李家峡水库电站黄建局招待所，夜幕中驱车往李家峡电站工地观览。

1998-09-30　几渡黄河

朝发李家峡，由尖扎县康扬镇过黄河入化隆，在能科吃早餐。店名曰"古城餐馆"，享羊肉泡馍，风味与西安不同，肉汤泡的可是花卷。

由能科北上再折向东，到达化隆。在县文物管理所看馆藏文物，多见半山、马厂文化彩陶。中午南下，踏查贡什加遗址。主体为马家窑类型堆积，村东高30米的山岭上，保存有文化堆积，面积极有限。

接着南下，在甘都用午餐。午餐为手把肉，有八宝盖碗茶，有滋有味，印象很深。要吃饱了，又加一碗面片，味道真不错。这里是羊肉的天下，一斤卖价4元上下。

接着南下再渡黄河，经街子到循化，县城在积石镇。三天中三渡黄河，后日还要再渡一次，几天之内四渡黄河，少有的经历。

在循化县文物所看文物，多半山、马厂文化彩陶，朱格遗址的庙底沟文化堆积很值得注意，它紧邻此行将重点考察的白庄红土坡遗址，附近还有张尕遗址，堆积保存都不错。

晚由县文体局招待手把肉，饮三泡台。

1998-10-01　仰韶的西限

　　早餐在城内一馆子吃羊杂碎，然后往白庄一带调查。车子沿清水河谷南上，在朱格村踏查一处庙底沟文化遗址。文化堆积尚可，上层较下层好，工作有一定难度，布方困难。这是仰韶文化分布的西限，是一处值得重视的地点。

　　在白庄用午餐，吃面片。接着在南边不远的张尕村调查马家窑和齐家文化遗址，堆积也不错，遗址就在村边，与朱格遗址隔河相对。在齐家文化层见到几处房址遗迹，都有破坏。这里发掘基础还可以，可将三个地点合并考虑。

　　下午回县城，大家休息睡了一小觉，疲劳全无。这里的工作就算结束了，明日往民和，去官亭调查，县里有博物馆人员在那里等候。

1998-10-02　官亭的雨

　　晨起，天阴沉沉的，一会儿下起了小雨，心想这对今天的行程一定会有些影响。

　　早点为醪糟、牛奶、鸡蛋，平生第一次这样吃，还真不错。

　　9时前离开循化，沿黄河东下，穿过险要的积石峡。峡内两岸罕有人迹，少见立庄建舍之处。不时见峡壁上有采金者掘出的洞子，发了财的他们已经离去了。

　　蜿蜒在深峡中的黄河，在狭窄的河床中流过，有的地方似乎可以一步越过。出峡之后已是甘肃地界，我们由积石山大河家再渡黄河，进入民和官亭，这又是青海了。

　　宿官亭供销社旅社。

　　中午时分，细雨已停，马不停蹄，赶紧出发到附近遗址点调查。先上喇家村，这是黄河北岸的一座土族人的村庄。村子就叠压在遗址上，堆积有马家窑文化，也有齐家文化，以齐家文化堆积为主，范围很大。这遗址与西邻的鲍家遗址连成一片，估计为一大型遗址，总面积在60万平方米以上。真是太壮观了，遗址的实际面积也许还要更大，埋藏较深，保存也不错。

民和博物馆的领导到喇家会合，介绍以往的发现，深深吸引了我。

离开喇家村，接着往稍北的胡李家遗址调查。遗址坐落在村北的黄土台地上，台高20到30米，文化堆积较好，地层包含物丰富，依次为马家窑、石岭下和庙底沟文化，叠压关系清楚。面积约2万平方米。中心部位有一座有可能属汉唐时代的方形烽燧遗址，高度保存在10米以上，夯层规整清晰。

站在高台往黄河边一望，眼前是一大片平整的田畴，是一块难得的沃土。以往调查显示这里遗址分布密集，很可能在齐家文化时期形成有大型中心聚落，也许就有早期城址。喇家遗址发现过随葬玉器的齐家文化墓葬，表明这里的齐家遗址不是一般的等级。

回京后再解读这一地区的航片，或许会发现重要线索。

明日往民和，是此行的最后一站，只要天晴一日，全部问题就解决了。

1998-10-03　秋雪民和

上午9:40由官亭出发，目的地是民和川口镇。

一路上的风光是此行感觉最好的，山上的植被保存较好，大片的白杨虽然已经泛黄落叶，仍能让人相信这是青海环境最好的区域。车行途中，望远方山顶白雪皑皑，停车眺望赏玩。

在距离川口17公里处，上塬调查南垣遗址，面积较大，保存也不错。

中午1时到达川口，宿民和宾馆。午饭后往城西5公里处的马厂塬考察。遗址主要为马厂文化堆积，高出湟水水面80米左右，塬顶平坦，遍地是陶片与石器。

离开马厂塬折向城西北，调查山城村遗址。遗址面积较大，堆积不是很丰富。

至此，本次安排的田野工作全部顺利结束，明日返回西宁。

1998-10-04　彩陶如山

上午往民和博物馆参观。见库房大厅内的地面上是堆积如山的马厂文化彩陶，我大吃一惊。6000多件彩陶因条件所限得不到应有的保护，资料没有及时整理，真是可惜。当即与馆长商议，向国家文物局提交一个情况报告，争取申请一项专题经费，将资料整理好并及时公布出来（次年所需经费顺利到位，保管条件改善）。

又见到胡李家遗址出土的典型的庙底沟文化彩陶曲腹盆和双唇口尖底瓶，也有杯形口尖底瓶，表明有仰韶文化早期堆积，坚定了首掘该遗址的信心。

喇家和中川等遗址出土的齐家文化重型玉器，有直径30厘米的玉璧、长50厘米的刀与璋，还有大小不一的琮，表明官亭一带有等级较高的齐家文化墓葬，喇家是一处中心遗址无疑。当年小男孩拿着出土玉璧滚铁环玩耍，想来他们享受的是多么珍贵的玩具呀！

下午2时到达西宁，仍宿通天河宾馆，洗了一个澡，几天来的疲劳很快就消失了。

下周再安排几天活动，争取周末返京。

次日追记　文化高地

昨夜3时后又不能眠，主要思考了几个课题，当即打起手电记了下来，主要是文明起源的反论、奇谈怪论几题，考古学的两极，未来考古学，庙底沟时代等。

考古学的两极：

学科——裂变与整合。

信息——物质与精神。

目标——重建与构想。

方法——类型学与地层学理论上会有终极，至少有多数学者不感兴趣的时候。当出现更好的分类学与编年学方法后，现代意义的考古学会被未来考古学取代。

突然感觉，关中的半坡文化是突如其来的，它与白家村、北首岭没有直接的渊源。它来自何方？

关中的庙底沟文化亦可能来自外地，可以尝试由甘青寻找渊源。

如果都与甘肃有关，这一带很早已然是一块文化高地。后来的周秦，也都是发端于此。

这种黄土文化的流动趋势，其背景是怎样的？

2015-08-16　17年后再追记　文化高地

今年7月31日，相关学者聚集甘肃广河，纪念齐家文化发现91周年并举行研讨。报到时分发的材料中有一盒光盘，内容是当地拍摄的电视片《齐家文化探源之旅》。因为事前已经有人通过微信将内容发过来观看过了，所以并未多在意。知道里面剪入了我的几个镜头，那是4月与广河领导一次恳谈会上的发言片断。其中有几句的大意是：我仔细梳理了秦安大地湾出土的彩陶资料，感到这里的仰韶、庙底沟文化可能是在甘肃土生土长的，甘肃地区在那个时代前后已经成为一块文化高地，它对中原文化产生过强烈影响。在次日的大会会场，热场时就在大舞台的LED上播出了这部片子，我也注意到了自己说出的这几句话，虽然没有特别有力地强调，却也还算比较深沉。只是让我疑惑的是，进会场前给每位代表又发了一盒同样内容的光盘，意识到一定是出现了改动。果然，在大街上播出的片子，接着在会场再次播出的片子，已经听不到我的那几句话了。

是什么人建议改动的？当然是行家，看法有分歧，也能理解。只是如此之紧迫的行动，让我有些不理解，问题似乎并不会这么严重，有负能量？

突然改版，删除这几句话大可不必。关于庙底沟文化的来源研究，我们现在并没有真正解决，有说它起自关中的，也有说它起自晋南豫西的，为何不会是起自甘肃？

其实于我而言，这已经不是突发奇想的新说，观点已经在1998年民和考察的五年之后公布了。《考古》2003年第6期刊发我的论文《仰韶文化渊源研究检视》，就有这样的文字："半坡人是绝对拒绝使用三足器的，正是由于这个原因，半坡人中断了黄河中游史前居民用鼎的传统。如果从这个角度认识，半坡的这个传统应当来自关中以外的其他地区而不是它的东方，因为东方及关中都有使用三足器的传统，前仰韶时期的白家人、裴李岗人、磁山人、北辛人，都大量制作和使用三足器。""半坡人的传统显然来自干旱的黄土高原，这传统很让人怀疑可能生长在甘肃青海地区，仰韶文化的正源，似乎要从关中以西的地区去寻找。这似乎有点不合常理，又与安特生当年的想法相似，他在发现仰韶村遗址后不久就去了甘青，指望在那里寻找到仰韶的源头。现在我们旧事重提，与安特生的出发点和立足点有根本性的不同。"

在这里明确提出到甘青寻找仰韶文化的正源，但却不同于安特生当初设定的出发点。也就在这一年，《文物》刊出了我另一篇有关仰韶文化的论文《半坡和庙底沟文化关系研究检视》。文中又一次强调："我们知道半坡文化中是绝对不见三足器的，正是由于这个原因，半坡人中断了关中本来存在的使用三足器的传统。半坡文化无三足器的传统有可能是来自关中以西而不是它的东方，因为在它之前东方及关中都有使用三足器的传统，前仰韶时期的白家人、裴李岗人、磁山人、北辛人，都大量制作和使用三足器。由前仰韶盛行三足器，到半坡不见三足器，两者之间实在看不到有什么一脉相承的关系。"

在2000年我还写定论文《秦安大地湾遗址彩陶研究》（未刊），讨论甘青彩陶的序列，也表达了类似观点："甘肃及青海东部地区在距今6000年左右，就已经是仰韶文化的分布区域，马家窑文化彩陶的来源应当就在这个本土区域，应当就是仰韶时期的庙底沟文化。从文化的分布与地层堆积关系找到了甘肃地区考古学文化明确的传承关系，由彩陶纹饰演变的考察也能寻找到传承的脉络。虽然研究者对石岭下类型或是大地湾四期的名称与归属存在明显分歧，不过对于它所具有的过渡文化性质，却并没有明显不同的认识。甘肃晚期仰韶的彩陶，正是联结仰韶与马家窑文化彩陶的纽带。"

另又有先于此文写成而刚发表不久的《甘肃史前彩陶：起源、传承与象征》（2014年），也有相同的表述："甘肃境内既有仰韶早中期半坡和庙底沟文化分布，又有仰韶晚期文化发现，在青海东部也有仰韶中晚期文化遗存发现。由这些发现看，我们就可以为甘肃彩陶繁荣时期的兴起作出一个基本的判断，甘肃及青海东部地区在距今6000年左右，就已经是仰韶文化的分布区域，马家窑文化彩陶的来源应当就在这个本土区域，应当就是仰韶时期的庙底沟文化，与遥远的西方没有什么关系。当然这是安特生当年所没有见到的资料，我们排除他在主观因素和方法论上的原因不论，那时资料的不系统不完善也是出现西来说错误的一个重要原因。""随着田野考古的深入，后来又在秦安大地湾、天水师赵村和西山坪遗址发现更早的前仰韶文化彩陶，这些具有初始特征的彩陶将甘肃及以西邻近地区彩陶起源的年代追溯到了距今7000年的年代。已有的发现完全能证实甘肃史前彩陶具有完整的起源与发展序列，这样的序列不仅在中国其他区域没有见到，在世界其他区域也没有见到。由这一个角度看，这是一个非常值得关注的原始艺术生长的典型区域。""秦安大地湾遗址，就地理位置而言，是处在西北与中原文化带的边界，或者说它地处西北，但更邻近中原。在这样一个特别的位置，大地湾及与它邻近的一批遗址显示出了一种纽带作用，它们既联结着中原文化，又发展起本区域特色。由大地湾四期文化彩陶探讨西北彩陶的起源，探讨甘青彩陶与豫陕晋区域的联系，是一个很好的着力点。综合本文及以往学者的研究，我们确信至少自前仰韶文化时期开始，邻近中原的西北区域与中原特别是关中地区的考古学文化已经属于同一系统。到了半坡和庙底沟文化时期，这种一体化态势得到延续，只是在庙底沟文化以后，情形才开始有所改变，西北地区迎来了自己的彩陶时代。"

今年5月1日接受《丝绸之路》杂志的采访，也谈到这一层意思："过去我们都认为，马家窑彩陶是从仰韶彩陶发展而来的，这个认识没有问题，但是发展演变的路径并不非常准确。提到马家窑的源头，都认为是从豫陕晋传播到这里的，其实并非这样，这里本来就有仰韶分布。甘青地区的彩陶是一脉相承发展下来的，从大地湾出现彩陶，到仰韶、马家窑，是有完整链条的，彩陶传统是本来就有的，它的主体用不着由传播途径得来。基于这个认识基础，我们对甘青地区的文化高度就会有一个新的判断，也就是，它从东西吸收长处，促进自身发展。值得强调的是，彩陶在这里的发展最繁荣，传统延续最久，这里是彩陶的一个重要中心区。中原地区仰韶之后就没有彩陶文化了，衰落了。有了这些认识发展的变化，我们会更加重视这里的研究，关注其在华夏文化形成过程中有什么样的地位和影响。我认为，甘青从仰韶到马家窑，到齐家，始终处在一个文化高地。"

将这些过去的研究串读一番，我自己又多了一分感动，原来那一块文化高地如此打动了我，它让我这样恋恋不舍。

十多年过去，这样的观点没有得到明确认可，觉得再过去半世纪也未必能得到认可，我们的成见过于牢固了。

我相信那一块文化高地，一定会吸引越来越多的目光。

二、青海的庙底沟：发掘民和胡李家

官亭北近的胡李家遗址，属庙底沟文化，它的发掘更让人相信，这庙底沟并非远道而来的。海东一线，大体是可以纳入甘肃古文化高地范围的。

1999-05-23　发掘伊始

YML、JXB、CHL一行已于20日离京赴青海展开发掘。今与CHC电话商议，6月5日出发。

1999-06-05　人、动物、神灵之三角关系

乘75次车往青海，CHC同行。车入河南，读张岩《图腾制与原始文明》，书中云：图腾观念是我们祖先第一个完整的信仰体系，同时，也是人类关于自身和环境的认识与解释的第一个意识的和文化的体系。更加重要的是，图腾观念在万年以上的图腾制时代，是强制性地制约着图腾制群体内的每一个成员的宗教意识与社会行为，并且其强大的影响力一直持续到每一个大型的人类原始文明解体之前。

人类第一时代的精神家园可以这样概括吗？这是人、动物、神灵三角关系的体现。

1999-06-06　十七年一瞬

天一放亮，火车已进入天水地界。自初次到此地，十七年过去了，真个是日月如梭。那里接触到的题目，这次又要涉及，这一生以此题为始为终，令人慨叹。

昨夜乍冷乍热，睡眠质量很低。

下午4:10，火车正点到达海石湾。民和HKZH馆长接站。

夜宿民和宾馆，天落雨。

1999-06-07　进驻胡李家

早上乘中巴车前往考古工地，一路落雨，经三个多小时，到达目的地——胡李家。

先期到达的人员，住在乡会计家里。这是一个很大且很干净的院落，建筑比较讲究。房主已无人住家，这倒也不错。我和CHC被安排睡炕上。许多年没上炕了，感觉像是到了北方，这里却是西边。

午后雨住，往发掘现场查看。探方深度还不够，所以一时还看不出什么眉目来。总的感觉是晚期扰乱较大，可能难以发现完整遗迹。

往附近走了一遭，看样子遗址所在的土岭北部没有明显的文化堆积，

但地表可见少量破碎的陶片。主要堆积偏于土岭南部，集中分布在烽燧遗址周围。

由采集到的陶片观察，有白家村文化三足筒形罐足部典型标本，表明这里有可能发现早期文化堆积，这给人一种新的信心。可以由这个线索追下去，或许会有意外收获。

中午YML准备了丰盛的午餐。这儿的伙食要办好有一定的难度，还需要想点办法。

1999-06-08　前仰韶露头

阴转晴，继续发掘。

CHC带领民工钻探，我在周围踏勘。下午省考古所WGD所长到，说这次在工地可待20天左右。

上午我沿土岭的延长线一直往南走去，大约3公里，没见到明显堆积。一只喜鹊前后追叫着，还以为会有新发现，未能如愿。

回途往土岭南坡攀，见这一带堆积较好，有明确地层，也有较多遗物。在上数第二阶下断面的一处灰层中，发现了一片早期陶片，似为圈足碗口沿，直口，外饰绳纹，沿外抹光1厘米宽，外褐内灰褐，色不纯，胎较薄。用手铲将它拔出来时，眼前一亮，真有这样的东西！如果不是误认，它应当是前仰韶之物。在接着的简单清理中，又发现了大块的未烧陶器器坯，可能是三足筒形罐。昨天我还在想会不会有更多的标本发现来证实早期遗存在青海的存在，今天就有了这样的结果，很是高兴。

下午，又在出这陶片的灰层处，发现了一处烧烤过的遗迹，像是灶址，里面有一残破的陶器器坯，坯色灰褐，拨开时一片片掉落。外饰交错绳纹，又是典型的早期风格。决定依地势开一小探方，看有没有新情况。

晚上与WGD交换意见，谈及工作安排。

1999-06-09　与朱洪武和朱德一起考古

阴间晴转雨。

与村民问答，得知：胡李家人口700多，150户左右。娶他村女，凭媒妁之言。

上午跟探工钻探烽燧以西之地，堆积较好。探工朱先总，37岁；朱洪武，23岁（没记差，是这皇帝的名号）。在民工中，还有一位叫朱德，30多岁。胡李家考古真有点荣幸，穿越了。

下午新开一方——T2208，东北角距离基点74.4米，往北第二方，为T2209。

深度至30厘米，仍在扰土层，东北角出露较纯净的黄土层。出土物有陶片、陶环、烧土和白瓷片等。有一小平底罐底，夹砂灰褐色，饰交错绳纹，直壁，可能为早期陶片。

1999-06-10　青海的庙底沟

晴，阵雨。

在烽燧南新开T2189。

T2208继续发掘，进入第二层，深80厘米，仍为扰土，包含物少。

今天各探方出土一些像样的小件，有典型的庙底沟文化彩陶片。

1999-06-11　发现墓葬

晴。

继续发掘，一天进展顺利。

T1105第三层出土一件圈足，灰褐色，夹砂，似为早期物。为素面仅见的一件圈足标本，当为下层扰入。

现在所见遗物，主要风格为庙底沟时期，基本不见马家窑时期。

踏勘土岭北端，中部冲沟3米深处有墓葬，在成年人身下有一垂直的呈侧身屈肢的幼童。这一带可能为墓地，需进一步钻探确定。

土岭北端东侧中腰有断续灰层，有烧土和木炭，陶片极少，附近发现辛店文化陶片。这里也要钻探。

T2208尚无明显进展。

明日开始钻探烽燧西北、北部。

决定后日改作息时间，躲开中午的高温，阳光让大伙有点透不过气来。商定自后天起，上午由8:00—12:00改为7:30—11:30，下午由3:30—7:00改为4:30—8:00。

发掘进展顺利，一些没有现象的探方稍显缓慢，决定加快进度，还要开辟新的地点。初步预算，经费可以维持两月左右，应在7月中下旬之际收兵。

从所获标本的整体面貌观察，遗址晚期堆积的时代，大体属庙底沟时期，马家窑因素不很明显，期望下层能有更早的堆积。有一探方中出现了有早期特征的圈足标本，应是扰入的早期遗物，这更使我确信胡李家应有早期堆积的存在。

今日测得土岭距东部河床的高度约为26米。在北端踏勘证实有墓葬分布，只是距地表太深，有3米多。从冲沟断崖上发现一成人与一儿童的垂直交叠葬，前者为直肢，后者为侧身屈肢。北部东侧见有断续灰层及烧土遗迹，还需进一步钻探，以确定范围和性质。

1999-06-12

晴。

天气晴好，发掘正常进行。更改作息时间，受到民工欢迎。今天气温更为逼人，虽然延长了午休时间，大家还是感到受不了，往后气温还会升高，还得考虑大家的承受力。

钻探表明，烽燧西北方向文化堆积稀薄，已属遗址边缘。再向北还可继续钻探，以寻找墓地及新的堆积线索。

T2208残窑中的陶坯在现场用石膏固定后取出，如何保持原状，还要慎重考虑。如果是早期遗物，其重要性是不言而喻的。

中午往官亭采购，具鸡黍准备迎客。

今天与科研处负责人通了电话，请丛德新将大体情况转告所领导。晚间宴请光明村村支书和村主任，为的是让大家打一次牙祭。民和博物馆馆长与村支书、村主任酒中甚欢，席间还高兴地唱起了花儿。恐怕至少每星期要有一次这样的机会，不然有点过于清苦了。大量的体力消耗，也得适当作些补充，注意别有人拖垮了。

1999-06-13

白日天阴无雨，这对田野发掘来说，是难得的好天气。虽然气温并不太低，但没有烈日的暴晒，比前几日感觉不知要好多少。

发掘顺利进行，陆续出土一些小件，有指甲纹纺轮，有红彩彩陶，见类似鱼和鹿的纹饰，很值得注意。各探方第三层为主体堆积，属于庙底沟文化前后时期。如果下面还有更早的堆积，就太好了。

继续钻探，在烽燧以北发现小片夯层，也有较好的灰层，只是堆积不太连续，这个工作还要花工夫进行。

1999-06-14

昨夜雨下了一整夜，今天上午也没停止，大家一周没有喘息了，借此机会可以休整一下。晴天一身汗，雨天凉飕飕，一件件加衣服。今天的天气预报说，明天还有雨，这是大范围的降雨，与小气候没有关系。

将昨日在烽燧北方钻探出的陶片清洗，主要是夹砂灰褐色的罐片，饰交错绳纹，越看越像早期的东西。还要在附近钻一钻，争取能拿到更有说服力的材料，可能的话尽快组织发掘。

1999-06-15

雨继续下了一夜，今天上午还在时下时停，不得已再停工一天。预报明天还有小雨，说不好能不能开工。

1999-06-16

雨转晴。

又误了一天时间。明天预报说是晴天,又要在烈日下工作了。

晚饭后,同CHC一起往田野里逛了一小时,海拔不算太高,所以还没有感到有多乏。地里的麦子长势很好,据农民说今年是一个少有的丰收年。

近几日偷闲读读《老子》,老子提倡以柔克刚,以水作喻,具有水样性格的人往往取胜。言在第八章:"上善若水,水善利万物而不争。"说圣人处事如水,出现在别人不去的地方,处世像水一样安于卑下,用心像水一样积聚为深渊,待人像水一样亲仁,言谈像水一样真诚,从政像水一样有条理,理事像水一样灵活,行为如水一样顺就时势。字里行间,充满了辩证思维,值得咀嚼。

1999-06-17

晴。

继续发掘,又有一些精彩小件出土,如骨针、花瓣纹彩陶等。

钻探进展不大,还需继续努力。探工技术已有较大进步,大体可以胜任。我希望在探眼中找到新线索,也许会如愿的。

民工李国士领我在土岭北部东侧渠边,见到打碎的陶器,为一件马家窑文化彩陶壶,在断崖上见陶器完整印痕。附近可能有墓葬,可以钻探一下。

此地重端午,民工要求明天歇工过节,很多人要去甘肃浪花儿会。

1999-06-18

晴。

五月初五端午节。放假一日,让民工高兴过节。

全队人员一起往甘肃积石县刘集乡改新坪花儿会赏玩。吃罢早饭，步行至官亭乘车，十几公里的路程，不一会儿就到达会场所在的山脚下。大家下车，跨过一条小河，与熙熙攘攘的人群一起向山坡上行进。这儿给人一种山清水秀的感觉，不似黄河北岸。花儿会场实际是一处林场，山上遍植松树，松树虽然并不高大，却已成密林，郁郁葱葱。上山的路虽不算窄隘，有时却也崎岖陡峭，我们走走停停，约一小时光景，已近巅峰，这里是花儿会的中心。开阔的坡地上，有许多商贩搭建的帐篷，经营饮食饮料和瓜果点心等。

青年男女成群结队，沿一条蜿蜒山路进入林中。密林处处，三五人围坐树荫下，有的说笑，有的高唱，有的则提着演唱花儿曲调的录音机。我们选定一处林子坐下，附近是几个青年女子，正在唱着高亢的花儿调。虽然唱词是一句也没听懂，却是可以猜出里面一定包含有求爱的热情。女子合声唱着，来了几个愣小子，逼进人家面前，好像是要捉拿而去似的，弄得她们不好意思，赶紧起身，匆匆离去，这使我们觉得非常惋惜。不一会儿又听稍远处传来更悠扬的女声合唱，很快招来一些围观者，她们又不好意思地起身离去。女子们有的刻意打扮过，有的抹了淡妆，穿着艳丽的衣服，有亲友陪同，好像一定会被如意郎君相中。但她们又似乎过于拘谨，也可能是选择的标准很高的缘故。我们听着林子四面八方传来的歌声，猜度着男女们对歌成功的比率，不相信真的有人通过这样的过程能很顺利地缔结良缘。

歌声此起彼伏，男女们在林中穿梭。这是远古遗风存世，这是人类真情表现。14时我们走出林子，发现聚集林中的人数量越来越多，还看到面对面对歌的男女，引来众人围观喝彩。

这里的花儿会据说在端午节要举行三天，与会者成千上万。他们并不一定都是花儿好手，中间也许不乏像我们这样只是看看热闹的人。

下午在黄河岸边的大河家镇用午餐，牛肉拌面吃得满头大汗。在大河家还购买了保安族刀具，尽兴而归。

1999-06-19

雨转阴。

上午休息，到官亭镇购肉，打电话。一早出门，打不着车，一直走到镇里。今天不逢集，镇中少有人走动。商店9时之后才营业，来回走了几遭，才进得商店购物。

下午开工，民工到得不齐。各方进展不大。T1006—1007中的黄土沟，宽80到85厘米，深3米有余，近日开始有了是否为汉墓墓道的疑问。明日可重点钻探一下，事先应有个确切的目标，以决定近日田野工作的进程。

下午继续钻探，没有收获。

1999-06-20

阴间晴，阵雨。

早上刚到工地，阵雨下来，历半小时云开日出，发掘继续。

下午收工前半个多小时，又是一阵风雨，不得已提前收工，大家冒雨回归。回来几人忙着煎西红柿姜汤祛寒，一人一小碗。

钻探证实，T1006—1007墓道的怀疑有了根据，它确实连接着一座墓葬。墓宽约3米，长过4米，墓顶深约5米。墓穴钻出砖块，当为汉墓。本来希望是早期墓葬的，晚到汉代，这次可能要放弃发掘了。发掘进度整体感觉较慢，还得稍加快一点速度。如果没有特别情况，发掘可考虑在7月中旬前结束，然后用一周时间作个简单整理。整理的同时，还要对附近相关遗址作些初步调查，为以后工作确定方向。

1999-06-21

阴间晴，傍晚雨。

一天气温不是太高，所以不觉得太辛苦。

继续发掘，有的探方已发现了墓穴，还不能确定墓葬的时代，可以确定比遗址的主体堆积年代要晚。

继续钻探，在北部没有发现重要迹象，没有找到期待的墓葬。

跨过原先与土岭相连的山体，攀上山腰眺望土岭，将烽燧收入镜头中。

晚7:30，天空乌云密布，决定提前30分收工，刚回到住所，大雨跟着下起来了，还好，没淋着。

现在已是晚10时，雨还没停住，还不知明天能否发掘。

1999-06-22

雨转晴。

昨晚雨下了一整夜，到今天下午才放晴，一天的时间又浪费了。

1999-06-23

多云间晴。

气温适宜，早晚还觉得较凉。

发掘顺利进行，有的探方已大体结束，有的还需加劲。7月10日结束田野，可能还有一定难度。雨水太多，麦收将到，还要抓紧才行。

由ZHYH介绍来的邺城探工WCJ、HQL来工地。准备用约半月时间，对几处重点遗址作一次钻探调查，为以后的工作制订详细规划。

1999-06-24

多云间晴。

气温仍然不算高，工作进展顺利。T2208发掘M2，已清理完毕，有椁，头箱殉狗，见有漆器痕，当为汉代或稍晚时代墓。其他探方陆续发现一些晚期墓葬，给发掘平添许多困难。T1004内发现一埋藏陶纺轮小坑，坑边见有不规则烧土面，坑中发现不同型式的陶轮27件。此坑有可能是一个烘烤纺轮的所在，因突然变故使得当初的主人遗忘了。

明日开始往辛家遗址钻探，希望能找到齐家文化的重要遗迹。

三、官亭盆地访古

1999-06-25　辛家调查，偶遇丹阳城

多云。

胡李家遗址首次发掘即将结束，随着邺城考古队的两位探工WCJ、HQL的到来，官亭遗址群的重点调查自今日开始，首先进行的是辛家遗址的调查。

从胡李家步行约30分钟，东边即到辛家。由南面断崖登上旱台，这里是宋丹阳城遗址的所在。辛家遗址部分压在城址下。南崖壁上见到灰层，坡上散落着齐家文化陶片。

翻过依然高耸的古城墙，从墙头望去，残垣巍然。城内地势平坦，估计不曾大规模动土。丹阳古城南墙的夯层，可以清楚地看到是取自早期文化层的灰土，夹杂有陶片，附近散落着齐家文化陶片。

丹阳城西北角北壁有一个垮塌面，可以看出在外墙筑好后，外面再加筑一个护坡，亦夯实，夯层同主墙。东墙与西墙部分临绝壁（冲沟），南北墙外可清晰看到筑墙取土所留下的隍沟。

南墙中部可见瓮城痕迹，有一条大道贯穿南北。

站在南墙头南眺，可以望见黄河。

上午在遗址本部钻探，发现堆积。

下午在东部钻探，中心部位发现不成片夯土层，钻头带出骨骸，可能会有墓葬。从航片中看，中心部位有方形痕迹，怀疑有祭祀类遗迹。

1999-06-26　探方壁上刻写着"毛主席万岁"

晴间多云。

继续钻探辛家遗址。

往清泉旱台踏勘，找到省考古队原来的发掘地点，见探方壁上

刻写着"毛主席万岁"字样，探方出露的深度约有1米。在流水冲刷过的探方中心，露出一个较完整的大双耳罐，说明这个探方当时并没有发掘完。这个遗址的范围可能比原先估计的要大一些，过两天钻探确定。

辛家遗址的范围并没有原来估算的大，可能只有8万平方米左右。今天上午在中部水渠部位钻到明确的墓葬，在南断崖中部一棵树下发现一座带灶的白灰面房址。从一些断面上看，文化层埋藏深度超过4米。

东南角一棵树附近，又发现两座白灰面房址，一座还见到立墙，墙面也涂有白灰面。

在丹阳城内南部钻探，扰土层在1.5米以上，未见明显文化堆积，如遗址安排发掘可不必考虑。发掘可在城外重点进行。

明天做中川中学旱台钻探。

发掘正常进行。在几个探方都发现了陶器器坯，这是个很有趣的现象，至少说明这里曾是制陶场所。

1999-06-27　探访俄博

晴。

丹阳城东的旱台钻探，探明分布范围和堆积情况。

中学旱台整体都有堆积，北部没连成片，面积当在2万平方米以上。

几日来，探工钻探，我不停地在遗址附近穿行，寻找线索。走过一条条田埂，凝视一堵堵断崖，见一线灰层会心头一震，捡一片陶片会细细揣摩。

下午探俄博遗址及与旱台之间稍低的土岭，发现一墓，深2.3米，有灰层。

俄博由几棵老榆树组成，根部以上石堆为一丘，南部用汉砖垒成祭台，下面摆有泥灯。据说过几天这里要举行禳灾的法事活动，很隆重。

这俄博，就是歌里听到的敖包。

近几日天气状况较好，也不算太热，发掘进度有了保证。发掘继续正常进行，有的探方出土精致小件，有玉器和骨器，一些器型为以往少见。

1999-06-28　再查喇家

阴。

往喇家遗址调查。先至村东，见喇明山。他说二十多年前，村东为坟滩，过去平整土地出了很多玉器。这里一定是墓葬，听说人身上、头、胸、足要放五块玉璧。

在中部场院钻探，文化层深2.5米，面积有5000平方米。场院地面显露有遗迹，有灰坑和墓葬。

东北岗（吕家沟与岗沟汇合处的对面）的断崖上挂着大型墓葬，钻探见红黏土层，灰层较薄，堆积稍乱，也可能是墓穴，有花土坑状堆积，在水渠转向左10米处。（补注：此处后来发掘出几座因震灾倒塌的房址，房子里有许多死者。）

下午钻探东北和东南台地。东北台地东侧断崖有墓葬，深3米以上。钻探未见理想堆积。但在庄廓以东10米见较好灰层，可能有白灰面，堆积深1米上下。（补注：此为后来发掘祭坛的位置。）

1999-06-29　土司后代：狼姓变喇姓

晴间多云。

继续调查喇家。在西北新庄廓北钻探，见文化堆积，村民说过去挖土时发现有白灰面和玉器。

对话喇家村三社喇明录（76岁）：原土司衙门下面可能有东西，老三喇敬龙住处即是。太爷原是土族土司，现在一年300元养老金。原来黄河水位高，龙羊峡水库修了以后，河滩出露，河南岸开了农田，成了花园。

下喇家有80户，400多人。上喇家有50户。喇家人原居化隆，本姓狼，不好听，改为喇。先居官亭何家，因水不好吃，迁至现址。喇字原来没有口，是剌。

喇家中部三社双场院的北场，文化堆积较好，灰层厚2.2米，见白灰面。南场中心原有大洞垫过土，钻探未见文化层。

在西北角新庄廓附近钻探，土质灰黑，1.5米深以下较纯净，陶片很少。

在保护碑南大路右侧水渠拐弯处，钻探到白灰面。白灰面下土灰黑坚实，上面有淤积的灰沙层，可能遗迹毁于大洪水。石碑附近也见花土，没探完，待发掘开始后再探。

1999-06-30　马家窑人的家园

晴。

在上喇家南钻探，选点在吕家沟与岗沟交汇处的台地上。地面散落着一些陶片，断崖上见灰层和墓葬。钻探发现花土层，深2.3米，有的深1.5米，应为墓葬。台地已被雨水切割成条块，要布下一个完整的探方很困难，已无发掘价值。掘一残墓，深不及1米，葬式仰身直肢，无随葬口，但见马厂文化彩陶片。

下午在喇家以西的鲍家村调查，村西南断崖上见马家窑文化灰坑，未见连续堆积。钻探发现灰层和花土，不能确定年代。

1999-07-01

雨。

包饺子，味道平平，好不容易吃这么一顿饺子。

1999-07-02

雨转晴。

雨自凌晨又下，一直到午后才打住，又歇工一天。

预报说明天还有雨，耽误的时间太多了。麦收前要结束田野工作，还有点紧张。

1999-07-03

晴。

前两日因下雨，调查停止。

今天调查台坑村台子遗址。

这个遗址的堆积，由台地向山腰扩展，山坡很陡，虽为梯田，原来坡度当在45度左右。断崖上见灰层，处处可见陶片，还有石器，采集到马厂、齐家文化陶片，见蛙纹彩。

断崖上见到白灰面房址，保存长度4到5米，厚近3厘米。

在两棵杨树11座坟丘附近，钻探到3米处还出有瓦片，扰动厉害。

下午原来准备往杏儿沟尕马卡调查，因为天阴将雨，不便远行，改往鲍家沙窝的官亭古城址调查。

这是一座筑造在山坡上的土城，一座袖珍城。城垣虽已被风雨摧毁，断垣依然高耸在绝壁，夯层清晰。城垣依东西绝壁筑造，为长长的葫芦形，外形极不规整，是一座不典型的三角城。北垣为葫芦顶，长度不超过30米。城内呈北高南低之势，已经辟为梯田。

这可能是世界上最不规则的城了，这里还见到了最短的城垣。

城中未见连片文化堆积，只见少量散落地面的砖瓦，还见到一块残石磨。原调查记录未定城址时代，估计早不过汉代。

钻探在城中部发现路土，偏南部发现灰坑。

1999-07-04　鄂家又一城

晴转阴。

下午钻探调查鄂家东北台地遗址，主体堆积为马家窑类型，原定为齐家文化遗址。

台地上较为平坦，高约80米，面积2万平方米，堆积深在2米以上。地面上散布较多陶片。猛一上台，有马厂塬的感觉，只是更高一些。

遗址前方500米是黄河，台下是电灌站。往东北再攀高70米，是时代不明的鄂家古城址，又一座袖珍小城。隔沟西边是高度相同的鄂家北遗址，属齐家文化。

今天本来要去尕马卡，昨夜一雨，又改变了计划。

在台地钻探，钻到90厘米，见平整的居住面和烧土，偏西中部打到白灰面地面，可能有齐家文化房址。见到齐家双耳罐片。

站在这个遗址上，官亭盆地可以一览无余，峡口乡的南端为盆地东缘，杏儿乡南部为西缘。从东峡口往西峡口，黄河如一条缎带蜿蜒在盆地中部。盆地郁郁葱葱，满是白杨和果树，宽广的田野掩映其中。从台地上看，峡口乡和杏儿乡的南部，完全可以看作盆地的组成部分，可以选择重点遗址开展工作。盆地周围也要选择遗址考察，进行对比研究。看到这个遗址，对官亭遗址群考察的总体课题更加充满了信心。

访问鄂家羊倌鄂文海（65岁）、鄂关寿长（51岁），都说东北城中出过素面陶片，说不定属齐家时期。原调查古城为鄂家乙遗址，为马家窑文化和唐汪文化，可改日再查。

《青海省文物地图集》定鄂家古城为明城，再查有关资料。鄂文海说，传说城附近原有森林，城是古代齐家人圈牛的所在。

1999-07-05 死亡与再生

上午雨，下午转晴。

往大马家调查。

梯田上见陶片不多，在遗址（中部）距河床60米高、坡度在50度以上地点，发现一白灰面居址残迹，已被刚进行的一次改土破坏，附近散落一些大小陶片。房址仅存地面与壁面的转折处，都抹有白灰面。依地势坡度看，近80度，这里可能原是一座窑洞式房子。

台上是河西庄吴家村，吴家东场院北侧断崖上见一白灰面房址，宽5米、高0.7米，地面壁面均抹白灰，中部见烧土与炭块。距地表4米左右，高出河床100多米。

WGD、CLH自西宁返回，THSH托C捎来三篇论文稿：《死亡与再生》《原始"公共观念"溯源》《对立与统一：原始艺术中萨满教二元思维的考察》。

先读《死亡与再生》，古人的期盼是：面对新生，告别死亡。

1999-07-06　偏僻的庙底沟文化遗址

阴。

一早天阴沉得很，还飘起细雨，又不像有大雨，预订的车等了一会儿没来，决定上公路搭便车往虎狼城。

虎狼城跨越在甘沟河西二级台地，高出河床20米。断崖上发现灰层、灶址，堆积厚2米，为马厂、齐家文化。见老乡家还保存有辛店文化陶器。

下午往李家沟胡热热遗址调查。这是一处不多见的庙底沟文化遗址。这里为一处高约40米的河旁二级台地，只在断崖上发现不连续灰层，埋藏深度在4米上下，钻探未见文化堆积。

这里地处山间峡谷地带，像这样的地点还有庙底沟文化居民的遗迹，有点不可思议。在塌坑处见灰坑，埋藏深度在10米以上，表明此地地势有过较大改变。

1999-07-07　藏村尕马卡也有庙底沟

阴转晴。

上午车行一小时到尕马卡，涉水过河。

搭讪多吉和才让两个藏族小伙，得知：尕马卡村属大庄村，有27户，130多人，全为藏族。是杏儿沟最早的庄子，得名与马具有关。

在才让家的平顶房上，放着打庄廓挖出的6件陶器，出自两座墓葬，为辛店文化。

村北堆积较好，灰层丰富，出土有小口瓶、彩陶片、陶环等，属庙底沟文化。原定这里属马家窑、齐家文化。

此处海拔1974米，高出河床20到60米，埋藏深度达4米，因坡改梯造成较大破坏。

下午往槐塔调查。这是此次调查的最后一个目标，探工明日将往西宁支援省考古所的探墓工作。

由于原资料记述有误，没能找到遗址，准备将来在鄂家工作时再进一步考查。

1999-07-09　暴走官亭

官亭盆地调查小结——

1. 时间：调查从6月25日开始，至7月7日结束，历时13天。除去下雨天，工作日为11天。

2. 工作方式：查阅资料，大范围踏勘，重点钻探。用探工三人，雇三轮车一辆，选择重点遗址调查。

3. 总体印象：收获较大，眉目清楚。

西海考古小札（下）

一、喇家4000年前的悲情故事

1999-10-21

进驻喇家。

1999-10-22

发掘开始，在中场院开方三个，编号T134、T135、T136。

发掘的同时，安排遗址的全面钻探。全天钻探集中在中心大道以东，寻求理想堆积处。

1999-10-23

继续在喇家钻探。在标志碑东南50米处小路旁的地里钻1米以下为河沙层，2米以下为文化层，深4米不见生土，出陶片、木炭和石屑等。

在村北河滩地钻6孔，花土堆积在4米深以上，未见陶片，可再探。

村东隔沟南面的小台地上，东距台地边缘10米处探出一座南北向的小墓，长约2米，宽1米多，深1.5米。周边耕土下即是生土。

中午下班前，只身前往吕家沟沟北上喇家村台地边缘查看，在一废砖厂附近的断崖上发现一处不大的灰坑，采集到一件双股铜笄，询WGD，言齐家和辛店均见此器形，CLH说似汉代物。可解剖地层，以断定准确年代。

下午继续钻探。探工两人（喇成仙、喇德虎），干活都不错。

上午钻东南台。在庄廓边钻到厚80厘米的马家窑文化层，深2.5米。

下午钻东北台。觉得有以红黏土为主的夯土遗迹，黏度大，结实，不明是台是坑。地主人是喇宗寿。

1999-10-24

休工。

1999-10-25

晴。

继续在喇家东北台地钻探，前时探出的夯土遗迹，西部边缘不清晰，可能有叠压打破关系。有的探孔80厘米以上为红黏土，以下间红间黑，至150厘米以下为生土（这里正是后来发掘灾难足迹的地点）。

下午收工。返回时在东北台地西侧河岸断崖上采集到一块玉料，是加工剩下的边角料，磨光带切割痕迹，非常难得。（补注：2000年5月开始在东北台地发掘，几座房址中出土玉璧玉料，早先采到的这玉料是个带路的引子。）

土族语：

台子=藏乎，东北台=上藏乎，东南台=下藏乎。

东北台地小路西，北部距断崖10米处有较好灰层，深2.7米（正是后来发现房址之处）。

1999-10-26

晴。

上午在喇家东北台地钻探，有灰层和花土堆积，深约2米，钻头带出齐家文化彩陶片。

下午在村西北保护碑一带钻探，花土深2.5米，少见陶片。这个深度已低于20米以外吕家沟的河床，表明现在的地势和河床有很大抬高。

东场院西北角以北河边，探出陶片，花土深3米，以红黏土为主。

1999-10-29

上午在上喇家南河岸钻探，无新线索。

下午往东至王石沟北台地调查，发现马厂、齐家文化遗址一处，有灰层，面积不明。王石沟属中川乡前进村，在黄河北二级台地，在阎文英家庄廓后发现上有辛店文化下有齐家文化陶片。

1999-10-30

雪。

上午大雪，停工。

下午复工。只身在村内外行走，在东、西、中发现几处较好层位。其中村西的沟口堆积高度较低，可进一步钻探。

1999-10-31

小雪转晴。

上午冒雪只身往鲍家村方向踏查，发现零星陶片、石器，未见文化层。又转向北到上喇家村北至南沟，没什么发现。

下午盯坑，观T134堆积，可肯定为一处夯土遗迹，已进深2.5米，花土分层夯实，夹有少量石块和陶片。

1999-11-01

在喇虎家门前小道钻探，灰层较厚，有2米多，深近3米，面积尚可，可布方发掘（后来此处发掘出葬人祭祀坑）。

1999-11-02

晴。

上午钻探村西沟口，局部堆积较好，深2米。

钻探中场院南半部，无文化层。

下午钻探东南台地西侧北侧，西北角堆积较好，深2.5米。北侧见花土坑、灰坑，灰坑深3米多，位置正对喇宗保庄廓，地属喇五斤采（此处后来发掘马家窑文化灰坑）。

1999-11-03

晴。

钻探东北台地。在秦四十美家东果园中心，见红黏花土坑，直径约5米，可能是带二层台的墓葬，带出灰皮红陶片（此处后来发掘出多具人骸骨集一屋的灾难现场）。

东南台地北侧果园靠南围墙中部探出灰层、墓葬（见人头骨，不见随葬品）。

1999-11-05

晴。

在东南台地顶部偏北处钻探。喇庆录地中部堆积深4米以上。往北延至喇五斤采地，可能有一条沟状堆积（后来此处发现祭祀遗迹）。

1999-11-06

上午在东北台地西侧河岸钻探，局部见堆积，深约1米。

下午在东场院东南果园一带钻探，发现大片灰层，表层及沙层厚2米，以下为1到2米文化层，主要为灰层。喇白英庄廓以西堆积好，但为密集的果树。以南的一块无果树地较好，钻出黑彩陶片，可布方近10个。

1999-11-07

阴转晴。

钻探东场院南至独立庄廓（未建成）之间无果树地带，文化层较好，有灰层灰坑，深2到4米，可布方10个。

钻探完成。

2000-06-02

乘115次列车离京。此次往民和发掘喇家遗址，再次对官亭盆地做些微补充调查。

2000-06-03

下午至海石湾下车，THS、WGD、ZHDR接站，晚7时前到达发掘驻地。

2000-06-04

此次发掘自5月21日正式开始，首批进入发掘工地的是RXY、CHLH、HKZH。发掘在东北台地进行，已清理出几座房址，出土有玉石器和陶器等。

F4发现14具以少儿为主的人骨，是十分重要的发现，性质还有待研究。

F4方形，为地穴式（后证实为窑洞式），墙壁保存高度30到60厘米，地面、壁面抹有光滑的白灰面，中心为圆形灶址，与地面平齐。门朝北开，很窄，有一低矮的门槛。门外为一方形活动地面，地面左角置一块猪下颌骨。

室内地面前高后低，倾斜在10度以上。

15件陶器散布在房址西部一边，有盆、罐、双耳罐、带流罐等，大多较为完整。西北角地面上还有石器和玉器玉料若干。

房址不同部位共发现人骨14具，多为未成年少儿，惨不忍睹，不知是一场什么灾难，让这么多幼小的生灵丧失了生命。当即给YML挂了电话，商量人骨鉴定事宜。

最令人震撼的是一对母子，一位母亲无力地倚靠在西墙边，双腿盘屈，向右稍侧身，左腿压住右腿，右脚掌反扣，脚背着地，右手撑地，左手将一婴儿紧搂怀中，脸颊贴近婴儿头顶。婴儿右手搂着母亲的腰部。母亲没有挣扎，满怀爱怜，无可奈何地死去了。她的身后有一堆陶器，多数都很完整，但臀部已将一只红陶细泥双耳罐压碎。

房址中部灶址位置，是一稍大的少年，身子浮离地面约30厘米，头向房门面向西，上体为俯式，两臂上举过头顶，右腿反转上屈。足部有一个三耳小罐。左腿举至左肋下，左足压胸下，是强压倒地的状态。可能死亡时为半立姿势，死后斜沉成不自然状态。

中心部位死者的右前方，为一个不足10岁的少年，头向南，足向门道，呈右侧卧式。左臂屈于胸前，右小腿反折，右足屈于胸前，也是明显的非自然状态。与中心部位死者一样，可能死亡时拧屈了身体。

门左侧的死者为一青年（少年？），上身俯式，左手屈于身下，右手自然弯曲，双腿盘屈，左腿在身下。头部因房址地面下陷，已与颈部脱离。

靠近这个死者的左侧，为一呈蛙式仆地的幼儿，5岁以下，面向右侧。

再往左是靠近西壁前部的3位死者，靠近墙边的死者年龄稍大，上体略为支起，四肢撑地，面向下，下体侧屈，左腿压在右腿下面。其身下是一侧身直体的小儿，上肢前屈，双腿直肢。靠近他们的还有一幼儿，面向北，似为蹲姿下沉后的样子。

西壁南部有较为集中的5位死者，4位接近成年，一位10岁左右，头部相对聚拢，似作拥抱状。最南端的一位死者，侧坐姿势，向左倚着墙壁，双肘支地，双腿前屈。靠近他的人头颅处体式不明，下部未完全清理。这两人的背面俯卧一人，面向下，上肢自然弯屈，下肢侧屈，右腿压在身下。他的头压着的另一俯身死者，双手自然弯屈，下肢屈起，右腿在腹下。最后一位死者是少年，头与前二人靠近，侧身屈肢，四肢屈起，面向北。

2000-06-05

F3又发现一例母与子同死的现象。母亲双腿跪在东壁中部位置，双膝着地，臀落足跟上，头面向上，颌部前突，一副不甘死去的样子。她的双手搂抱着一幼儿，幼儿坐在她右膝上，面向她的胸部，双手抱在她的腰部，依偎怀中。母亲像是在祈求上天，不愿就这样死去。她的身后也放有几件陶器，都是实用器。

是什么原因夺去了这对母子的生命？他们的死因应当与F4的死者相同。不能解释的是，两位母亲在房子中的位置和方向相同，姿势也相同。

2000-06-07

阴间晴。

在探方边为青海省电视台拟写的电视新闻稿：

中国社会科学院考古研究所和青海省文物考古研究所在对青海省官亭古遗址群的综合考古研究中，在喇家村齐家文化遗址揭示出一处史前灾难遗迹。

遗址位于民和南部黄河北岸二级阶地前端的喇家村，据初步钻探和发掘得知，遗址是掘有宽大环壕的大型聚落，面积在20万平方米以上。聚落内有分布密集的半地穴白灰面房址，其中在3座距离不远的房址内都发现有可能是意外死亡的死者遗骸，其中4号房址内有人骨多达14具，14具人骨一组组地呈不规则姿态分布在居住面上。西南部有5人集中死在一处，他们多为年少的孩童。两座房址内都放置着十多件日常所用的陶器，还有中型的玉璧等礼器及石器和骨器等。

这次在房址中发现的这些死者，死时状态各异，年龄不同，以未成年者居多。在现场推测可能是一场突如其来的意外灾难所造成，最有可能是一次特大洪水的侵袭夺去了这许多无辜的生命。喇家村遗址的这次发掘，发现了很难见到的史前时期的一次大灾难的现场。

晚间往北京去电，报告新发现，考虑现场保护措施。

2000-06-08

晴。

用笔记本电脑赶作新闻稿，题为《史前灾难现场摄人心魄，黄河慈母佑子情动天地》，题注有"青海省官亭古遗址群考古又获重要成果，喇家村齐家文化遗址发掘揭示出前所未见灾难现场遗迹，房址内发现大量不幸死者遗骸，出土大批完整陶器玉石礼器"等语。

2000-06-09

阴转雨。

上午发掘正常进行。

下午小雨停工。

开始复查钻探，以确定壕沟范围，寻找墓葬。

2000-06-10

晴。

发掘和钻探继续，发掘无明显进展。钻探寻找西壕沟，有了一些线索，应是现在村西冲沟位置。在冲沟北端东侧钻深近3米，出有灰土和陶片，这一带有可能是壕沟西北转角处，明日再查。

2000-06-11

钻探西南角，转角并不明显。在喇文连保家前的断崖看到灰沟堆积。往东在喇文德家院中钻到堆积，一直延续到中场院断崖处，喇文连保家前还须补探。

下午探北部西北角一带，堆积深近3米，但没有见到陶片。

明天要放水浇地，还不知哪块地能继续钻探。

2000-06-12

晴间阴，阵雨。

遗址西北部农田因昨夜引水灌溉，暂时无法钻探，改钻南壕一线，探明壕沟由中场院一直往东延伸，宽度都在10米以上。

下午在朱七十奴家果园中钻探遇雨，避雨时在她家发现长方形石板一方，形体巨大，长度接近1米，形状类石刀，一侧中部穿一孔，可悬挂，此当为磬也！

见此磬欣喜异常，立时判为宝器一件。仔细向主人询问它的来历，确定为齐家文化之物。应赶紧征集，免出意外。

朱七十奴细述石片来历与后来的故事，记入小文（后写成《磬王显形记》，见后文）。

2000-06-13

阴雨。

在喇家探围壕南沟中部、东部，壕在东场院以南至东南走向不明确，似有偏南的可能性，也许在这里没有直行。往东过喇正刚家外院，地下有大片沙土，传北来的冲沟水曾由此流过，南见入黄河的水口，传说可信。这一带有遗迹也会冲毁了。

壕沟东端紧靠喇德虎家后墙，估计在他家东北方向不远往北转角，可探寻转角位置。

2000-06-14

往鄂家古城调查。爬上200多米高的山顶，见城墙西、北两垣保存尚好，高2.5米左右，转角处有马面。下山后问老乡，说城原来有三重墙，外两重已毁。

城内较平坦，东南角断崖处见含有陶片的灰层。钻探未见堆积，但东南部一片深1.5米左右的地方被翻动过。地面散布着碎陶片，以齐家文化的为主。

2000-06-15

晴。

继续在喇家钻探。农田因浇水无法动作，只好在庄廓附近找线索。

上午在喇长录家前面的果园内探到深3米以上的灰层，位于果园南侧。北面、东面是断崖，有灰层。这一片传出过玉器。

村中北部高地上喇金柱房前院中1米下探出白灰面，有陶片堆积，可能有较完整的房址，明天在附近再探。

发掘和钻探无明显进展。

早晨由朱七十奴家征集大石磬一方，清洗干净。中午用木杠系绳抬起，大家在一起欣赏。磬声深沉悦耳，众人齐声称赞又获至宝。

为《中国国家地理》撰文，题为《感受史前时代一场大灾难——青海喇家村新石器时代遗址考古记》（见后文）。

2000-06-16

接着钻探喇金柱门前院中，基本找出房址范围，也探出中心灶址，应当有陶器和玉石器（后来发掘出一座齐家文化房址）。

2000-06-19

在保护碑东不远探出4米深的灰坑。在喇长录地中探出3米深的灰层。在喇成虎地3米深处探出红颜料，怀疑是朱砂。

感受史前时代一场大灾难

——青海喇家村新石器时代遗址考古记

考古对于大众而言，也许是神秘而又新鲜的，人们或者干脆将考古理解为"寻宝"，那考古学家就该是"寻宝人"了。关于考古学的定义，每一个考古学家的见解都不一定完全相同。我想对于大众来说，考古就是考古学家将人类记忆中久已忘却或已然模糊的往事，通过寻找到真凭实据进行证实的学问。它与历史学的不同在于，历史学家是将那些在故纸堆上编缀的历史说给你听，而考古学家是将真实的历史展示在你的面前，你不仅看得见，而且还摸得着。从这个意义上说，考古发现的每一件古物，不论是金是石，也不论是木是陶，都是宝。同样，不论是满藏瑰宝的墓穴，也不论是断壁残垣的废墟，都是宝。这些已然消逝的过去，都是考古学家用心寻找的目标。

1998年仲秋时节，正是为了这样的又一次寻找，我来到黄河上游两岸进行考古调查。在半个多月的考察时间里，踏勘了十多处古文化遗址，我想在这些遗址中作筛选发掘。在一个秋雨纷纷的日子，我和同行来到青海东南隅黄河岸边一个不大的盆地里。盆地一带过去发现了数十处古文化遗址，有的时代可以早到仰韶文化时期，大多数属新石器晚期的齐家文化时期。其中最让我看好的，是曾出土重型礼器的喇家遗址。于是，一次规模并不大的考古发掘就这样开始了。

一、初查喇家村

喇家遗址位于青海省民和县南部黄河北岸的官亭镇喇家村。这里地处青藏高原边缘，海拔相对较低，气候较为温暖，冬无严寒，夏无酷暑。村前舒缓的黄河水在宽阔的河床里流过，村里林木苍翠，麦浪起伏，是大西北少见的富庶之地。喇家村是一个土族村子，村民们厚重的庄廓就沉沉地叠压在古老的遗址上。在田地间和沟渠里，到处散落着新石器时代的陶片和石器。就连那些干打垒的厚墙里，也包容着许多的陶器碎片，有时还夹杂着石器和玉料等。穿行其间，就好似旅行在时空隧道，进入到4000多年前的世界。

喇家遗址因早年出土齐家文化大型玉璧和玉刀而被发现，许多这样的重器都在商潮中悄无声息地流失了。一个当年的顽童，而今已长成壮年的汉子，曾得意扬扬地对我说，他儿时就拿着这些随地拾得的玉璧作滚环满村玩耍。也正是这古时的礼仪重器、现代的昂贵"玩"具，将我们的注意力引到了这座古代遗址上。

在很多村民的家中，我们都可以访得他们收藏的古物，几件保存完好的陶器可能就放在院子的角落里，几件磨光石器也可能会作为家珍压在抽屉底层。村民但凡动土，都会有古物出土，他们见惯了，祖祖辈辈没有觉得脚下的这方土地有什么不同。考古队来了，安营扎寨，在我们一天紧似一天的探查中，村民们开始感觉到，这方土地也许真有什么他们弄不明白的特别之处。

1999年秋，我们在喇家遗址进行了一次小规模的试探性发掘，意外发现了一段既深且宽的壕沟。

据初步钻探和发掘得知，这是一处前所未见的掘有宽大环壕的齐家文化大型聚落遗址，面积在20万平方米以上。遗址内深埋着当时的一些房屋建筑，壕沟内外还有同时代的墓葬发现。对照遗址过去出土的一些重要器物，初步推断这里可能是一座史前时代的城堡，它也许是当时盆地里的一个政治和经济中心，或许是一个小小王国的所在地。

在遗址另一处地点的发掘中，还发现了一些玉器和加工过的玉料。这使我们有理由相信，过去出土的大型玉器应当是在这里加工制作的。高超的琢玉工艺，已让我们看到了这处遗址的研究价值，于是进一步的发掘又在酝酿中。

守望昆仑

喇家遗址出土的陶器

喇家遗址发掘现场

二、震撼人心的灾难遗迹

2000年，官亭古遗址群的综合考古活动进入到第二个年头，在喇家遗址的发掘中，我们有了非常意外的发现。

在喇家遗址东北角高地，我们发掘出四座齐家文化房址。这些房址都是半地穴形状，保存的墙面不高，地面都抹有白灰面，这在当时应当是比较整洁的居所。在这几座房址内都见到十多件日常所用的陶器，有的还有中型的玉璧等礼器及石器和骨器等。这样的建筑在齐家文化中是再平常不过的了，而让我们感到惊奇的是，其中三座房址内都发现了有可能是意外死亡的人类遗骸！

在4号房址内，发现的人骨多达14具。这是一座典型的齐家文化白灰面半地穴式建筑，面积约14平方米，平面为方形，门朝北开，中心有圆形灶址。14具人骨一组组地呈不规则姿态分布在居住面上，他们有的匍匐在地，有的侧卧一旁，有的相拥而死，有的倒地而亡。中心灶址处一人两手举过头顶，双腿为

喇家遗址发掘的房址

弓步，死亡时身体还未完全着地。西南角有5人集中死在一处，他们多为年少的孩童，其中有一年长者似用双手护卫着身下的4人，5人或坐或倚或侧或仆，头颅聚拢在一起。让人顿生怜悯之心的是处在东墙壁下的一对母子，母亲倚墙跪坐地上，右手撑地，左手将一婴儿搂抱在怀中，脸颊紧贴在婴儿头顶上，婴儿双手紧紧搂着母亲的腰部。这已是封存了4000多年的一幕悲剧，今天看来仍惨不忍睹。

在相距不过两米的3号房址中，也发现了一对可能在同一时间因同样原因死去的母子。两人死时的位置也是在房址的东墙边，母亲双膝着地跪在地上，臀部落坐在脚跟上，用双手搂抱着一幼儿，幼儿依偎怀中，双手也紧紧搂着母亲腰部。母亲脸面向上，颌部前伸，像是在祈求苍天赐给年幼的孩子一条生路。

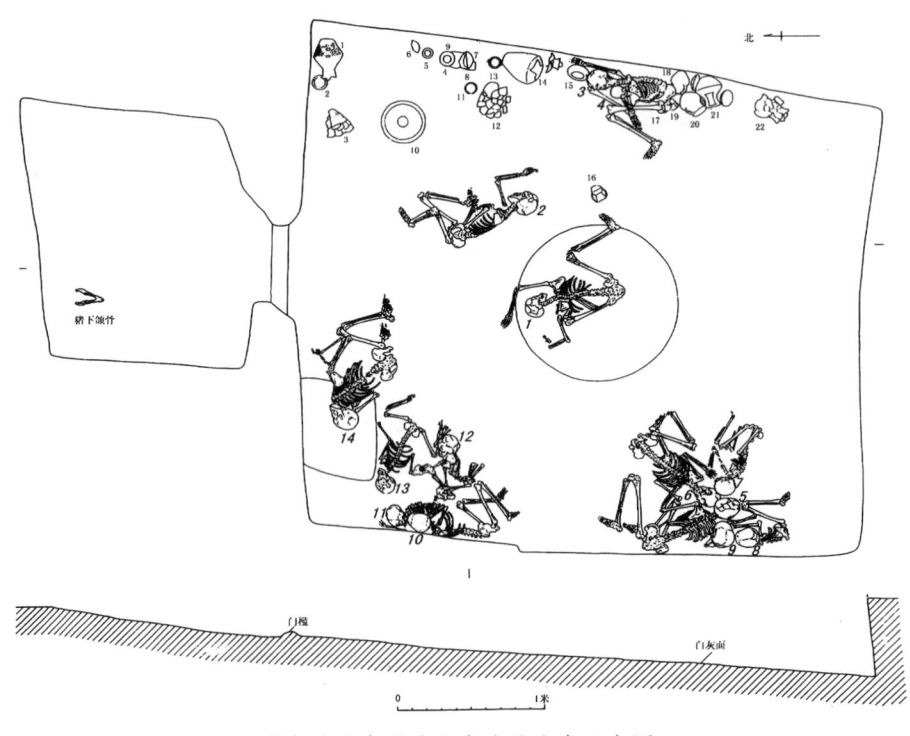

喇家遗址发现的人类遗骸分布示意图

在4号房址南面不远的7号房址中，也发现一对母子，母亲也是坐在地上，用她的身体保护着孩子，最终还是双双死于非命。

面对这一幕幕场景，我的心头一阵紧似一阵，我和我的同事都感受到了强烈的震撼。这是天灾，还是人祸？到底是什么原因夺去了这许多无辜的生命？我在随后所作的一次报道中是这样写的：喇家村遗址的这次发掘，发现了很难见到的史前时期的一次大灾难的现场，也让我们看到了4000多年前黄河长者以身佑子的深情，此情此景，慑人心魄。

我们自然要问，在还没有发掘的另外大批房址中，会不会有更多的死未瞑目的遇难者？

三、面对死难者遥想当年

这次在喇家遗址房址中发现的这些死者，死时状态各异，年龄不同，以未成年者居多。类似这样的考古遗迹，过去在中国境内的发掘中还不曾见到，在国外也鲜见报道。

我们在这几座房址周围反复查考，仔细思索，面对着这些死难者，根据检测鉴定资料，设想当年的情景。

鉴定确定了3号和4号房址内死者的性别和年龄，两座房址内抱着孩子的长者都是女性，年龄都在30岁上下，她们应当就是孩子的母亲。4号房址内母亲怀中的孩子只有1到2岁。3号、4号房址内的16人中鉴定确认为男性的只有3人，其中2人都在18岁以下，只有1人年过40。

以4号房址而论，14人中有9个未成年人，10岁以下的就有6人。真正的成年人只有3人，3人中确定为男性的只有1人。14人中最小的1到2岁，最大的40到45岁，平均年龄只有16岁。这么多未成年人，显然不是出自同一个家庭。他们显然是应急躲避到了这座房子里，然而灾难还是发生了，这房子成了他们共同的坟墓。

我们在现场看到，在4号房址内，站在中间火灶部位的小伙子举起双手，像是要托起就要倒塌的房顶；门口的中年汉子像是要挡住汹涌而进的洪水，结果被冲倒在地；靠东壁是斜倚在地上的母亲，怀中是刚满周岁的婴儿；西南角有5人相拥在一起，有一位壮年人护卫着几个未成年的孩子；西北角也是5人在一起，除了在门口的那个中年男子，其他4人都是未成年的孩子。

我的同事们在现场推测，可能是一场突如其来的意外灾难，最有可能是一次特大洪水的侵袭夺去了这许多无辜者的生命。这一块地方从现在看，地势要高一些，也许是当时躲避洪水的最后高地。我们设想有几个家庭将自己的孩子送到这里，成年人也许就被洪水吞没了。洪水大概来得非常凶猛，人们连抗拒的办法都还没有想出，灭顶之灾就降临了。从他们死亡的状态，我们能想到他们绝望的表情。尤其是无可奈何的母亲，她们搂着自己的骨肉死去，悲楚之状，惨不忍睹。

北京大学环境考古学专家夏正楷教授应邀考察了喇家遗址的古环境状况，他看到发掘出的几座房址内都充填有大量棕红色黏土层，中间还夹有波纹沙带，认为这都是黄河洪水泛滥的产物。他推测当时洪水袭来时，汹涌的洪峰冲上河边台地，涌进了居民的半地穴式建筑，淹埋了滞留在房子中的妇女儿童。他在调查中发现，在整个官亭盆地的黄河二级台地上，都有棕红色黏土层发育，这是黄河主流泛滥的结果，由此他推测盆地在4000至3000年前处于洪水多发期。夏教授以"东方的庞贝"来强调这次考古发现的意义，这个发现不仅再一次表明古代人类在突发灾难面前的无能为力，也为研究黄河与黄河文明提供了难得的科学资料。

当然，也有人认为这些死者生命的突然丧失，也不排除有宗教及其他原因，喇家遗址的发掘仍在继续，可能还会有更多的相关迹象发现，相信解开这一幕史前悲剧谜底的锁钥最终一定会找到。

四、石磬玉璧说往事

喇家遗址可能就是在那场突如其来的洪水中毁灭了，从一些迹象分析，这个遗址在当时并不是一个普通的原始村寨，从出土的大型石磬和玉刀玉璧就可能得出一个初步的判断来。

感受史前时代一场大灾难——青海喇家村新石器时代遗址考古记

在民和县博物馆里,我曾几次观摩了喇家遗址出土的大型玉刀和玉璧,想象着它们的主人的威严。据发现这些玉器的村民们说,有时在一个死者的身上就能发现多件这样的玉璧,这让人很自然地想起长江下游良渚文化中的类似发现,说明它们之间曾筑造过类似的精神家园,有着相同的宗教仪式,所以就有形状相同的一些玉制礼器。这些玉制礼器的主人,在当时被认为具有通神的法力,他们就是用这些精心雕琢的玉器,完成了沟通人与天地的隆重仪式。

在喇家村的一个农户家里,我还意外地发现了一件大型石磬,它是早年在农田中发现的,可能是一座墓葬的随葬品。石磬采用一块板材制成,方方正正,长96厘米、宽61厘米、厚4厘米左右,它是目前中国考古所发现的最大的磬,可以称之为磬王,是黄河磬王。它是仿照同时代长方形石刀的形状制成,与传统所见的弓背曲尺形磬不同。挂起巨磬,用一件木槌轻击不同部位,乐音

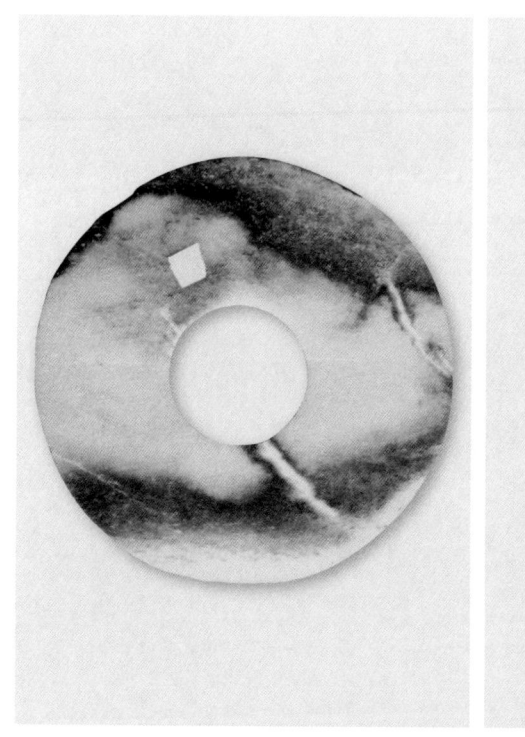

喇家遗址出土的玉璧和玉器

铿然，宏远深沉，让人肃然起敬。喇家遗址巨磬的显形，在很大程度上提升了遗址的等级，它是遗址作为中心聚落乃至古国城堡的一个重要标志。

　　一场大洪水毁灭了一座城堡，夺去了许多生命，喇家遗址的发掘让我们真切感受了那场发生在黄河岸边的史前大灾难。喇家遗址现为国家级文物保护单位，对它的发掘仍在继续，我想也许还会有许多先民留下的谜团等待我们去解读。

磬王显形记

西出之途，无论是凿空、征伐，还是观光、游猎，古来非勇力者不能为之。我虽非勇非力之辈，但并不视西行为畏途，十多年来，有缘常在西行高原途中奔波，有的是猎奇的经历与收获的欣慰，也有的是苦痛的体验与疲劳的感受。人生时有慨叹，乐意之事常不得做，常要做的又是不乐意之事。我原本想离开西部高原改做一点其他事情的，没料到一道指令又要我披挂上阵，千推万辞而不能如愿，不得不又一次踏上西行的旅途。

1998年仲秋时节，为恢复久已停顿的一个西部考古队的工作，我同老搭档叶茂林一起来到黄河上游选址，准备建构一个稍大一些的课题规划。在半个多月的时间里，在青海老专家卢耀光先生等的陪同下，我们到了主要为藏族居住的尖扎、撒拉族居住的循化和土族回族居住的民和等县，踏勘了许多重要的古文化遗址。在一个秋雨纷纷的日子，我们的脚印落在了黄河北岸一个不大的盆地里。这个盆地有个规模不大的小镇名为官亭，附近发现了数十处古文化遗址，其中包括时代可以早到仰韶文化时期的胡李家遗址和出土有重型礼器的齐家文化时期的喇家遗址等。

我和叶茂林都相中了这片土地，于是一个具有相当规模的考古研究课题次年就在这里实施。我们想查考中国麦作传播的途径，想探寻早期冶金技术产生的过程，想考察大西北古环境与人文间的契合机制，想揭示早期文明在西部高原的发达程度，还想寻找中国彩陶与西方的联系及早期中外文化交往的证据，等等。也许我们想得到的太多了，未必就一定都能如愿，但不论怎么说，序幕已经揭开了，一些可以称得上重要的发现开始公诸于世，一串久已消逝的遥远故事在手铲下被重新编缀出来。

一、出奇白土湾

那个曾出土新石器时代重型礼器的遗址，位于青海省民和县南部黄河北岸二级阶地前端的喇家村。1999年秋，我们在喇家遗址发现了一处前所未见的掘有宽大环壕的齐家文化大型聚落遗址，后来又在清理出的三座房址内发现了有可能是意外死亡的死者遗骸。这些死者，死时状态各异，年龄不同，以未成年者居多。面对这么多死者的白骨，我的心头感受到一种强烈的震撼。它使我又一次感受到了这个遗址的分量，我筹划着进一步钻探，主要目标是寻找墓地，查明壕沟的范围、走向。

在发现了这些尚不知底细的白骨遗存之后不久，喇家遗址的另一件重器正等待着我们去揭开神秘的面纱。以下是在发掘工地的日记摘抄，它简单记录了几天内从一次发现到另一次发现的短暂过程。

2000-06-08

晴。

用笔记本电脑赶作新闻稿，题为《史前灾难现场摄人心魄，黄河慈母佑子情动天地》，题注有"青海省官亭古遗址群考古又获重要成果，喇家村齐家文化遗址发掘揭示出前所未见灾难现场遗迹，房址内发现大量不幸死者遗骸，出土大批完整陶器玉石礼器"等语。

2000-06-09

阴转雨。

上午发掘正常进行。

下午小雨停工。

开始复查钻探，以确定壕沟范围，寻找墓葬。

2000-06-10

晴。

发掘和钻探继续，发掘无明显进展。钻探寻找西壕沟，有了一些线索，应是现在村西冲沟位置。在冲沟北端东侧钻深近3米，出有灰土和陶片，这一带有可能是壕沟西北转角处，明日再查。

2000-06-12

晴间阴，阵雨。

遗址西北部农田因昨夜引水灌溉，暂时无法钻探，改钻南壕一线，探明壕沟由中场院一直往东延伸，宽度都在10米以上。

下午在朱七十奴家果园中钻探遇雨，避雨时在她家发现长方形石板一方，形体巨大，长度接近1米，形状类石刀，一侧中部穿一孔，可悬挂，此当为磬也！

见此磬欣喜异常，立时判为宝器一件。仔细向主人询问它的来历，确定为齐家文化之物。应赶紧征集，免出意外。

2000-06-15

晴。

…………

早晨由朱七十奴家征集大石磬一方，清洗干净。中午用木杠系绳抬起，大家在一起欣赏。磬声深沉悦耳，众人齐声称赞又获至宝。

…………

日记中提到的这方巨磬，在老乡眼里，只不过是一方稍有些特别的石板，它原本的用途断然不知。收藏石磬的朱七十奴，是一个年近40岁的土族媳妇。

初次见面问她姓名，报给我非常奇特的四个字——"朱七十奴"。看得出来，朱七十奴虽然盛年丧夫，吃尽辛苦抚养着一双儿女，却是个精明的媳妇，话语中透着达观与刚毅。我是在那次避雨时走入她家院中意外发现石磬的，当即向主人询问这石板的由来。雨不紧不慢地下着，朱七十奴已过70岁的婆婆盘腿坐在廊下，一面抽着烟卷，一面向我讲述她记忆中的往事。朱七十奴蹲在旁边的门槛前用不熟练的汉语向我们转述着婆婆的话，石板的故事在我脑海里慢慢清晰起来。

40多年前，喇家村的村民集中在村北一处叫作白土湾的地方平整土地，就在热火朝天的那一阵子，人们在黄土里挖出了几件东西，有带耳朵的红色罐子，有玉石做的刀子，还有人的骨头，最大的物件便是一块方方正正的大石板。石板差不多是3尺长2尺宽的样子，又平又薄，在边上还穿有一个孔洞。罐子当时就被打碎了，玉刀后来被人收走了，那块大石板则被一个小青年背回了家。小青年正是眼前这位老太太的丈夫，那时还是个20多岁的血气方刚的小伙子。小伙子当时怎么也不会想到，自己得到的这块石板并不是一件平常之物，他那时甚至还没想好让它派上什么用场。小伙子自然也不会想到，这块石板在他去世以后会有什么样的境遇。

二、火炕蒙垢

老太太说，这样一块大石板，一家人都觉得是件有用的东西，但一时又不知用它做什么好。石板不知躺在院中日晒雨淋了多少年，后来总算派上了一个特别的用场。那是因为老太太家里发生了一些变故，石板又跟着主人离开了那座暂时栖身的院子。老太太的那位将石板背回家的丈夫，在同她生下一个儿子后不久因病辞世，这使她倍感生活的沉重。万般无奈之下，她又招赘了一个丈夫，同她一起把儿子拉扯成人。儿子非常有出息，学习成绩不错，中学毕业后当上了民办老师，接着娶妻生子，生活还算美满。后来，儿子因为工作出色，还转为公办教师。可是好景不长，儿子因为一次意外溺水身亡，抛下老小离开了这个世界。这对老太太的打击太大了，她怎么也弄不明白为什么要让她承受早年丧夫晚年丧子的痛苦，老天也太不公平了。她心中的愤懑找不着发泄之处，开始看儿媳妇不顺眼，觉得儿媳妇命硬是她儿子的主要死因。家中的不和睦气氛与日俱增，老太太觉得这个家没法继续待下去了，于是和老伴儿一起下到村前的黄河滩上，在滩地盖了一座简单的小土房，两人就在那里过起了艰难的日子。

在这座小土房内，主要摆设就是土炕。别看土炕不大，盘得却很别致。小炕的一端平铺着一块方形石板，虽不十分光滑，却还算平整。而这块石板正是老太太的先夫从白土湾背回来的那件古物。

小土房前东去的黄河水，又流走了几个岁月。老太太同老伴儿在这狭小的土房里生活了几年，没想到一次重病又让老伴儿永远地离开了铺着石板的土炕。面对人生的不幸，生活没有了依靠，老太太真不知道怎么办才好。儿媳朱七十奴实在不忍心让婆婆一个人孤苦地守着小土房度日，她没有再记恨婆婆，硬是将婆婆从河滩上接了回来。

河滩上的土房随之也被拆除了。在朱七十奴拆炕时，老太太对炕上的那块石板很是恋恋不舍，因为这块石板留存有她对两个丈夫的回忆。她和儿媳朱七十奴一起用铁锨将石板撬起来，没料想铁锨撬破了石板一角，一块好端端的石板就这样破了相。石板破了，从翻过来的石板上看到它上面牢牢地粘着一层黑黑的"炕胶"，经年累月的烧烤使石板改变了原本清秀的模样。石板这样子本来已经不那么让人稀罕了，可老太太还是吩咐朱七十奴用架子车将它运回了家，她心中的记忆与这块石板紧紧地连在了一起。石板运回家后，老太太吩咐将它竖立在门旁，她说再等一等，石板可能还会有一些用处的。现在想来，也亏了老太太的这个决定，不然石板将有可能永远地消失在人们的视线中。同时还值得庆幸的是，石板残破的那一角，也一同离开河滩同归于朱七十奴家中，不然的话，我们现在恐怕就再也无法一睹这块不寻常的石板的全貌了。

石板和那残断的一角一同回到了原来破旧的宅院，并一起立在了院子内大门的一侧。石板就这样，带着一身的焦煳味和烟火气，静静地守候在这座风雨飘摇的院子里。终于有一天，它等到了我和两个钻探民工的到来，它也就最终离开了老太太和朱七十奴的家，重归于历史。

清洗喇家遗址石磬

还记得那天在征得主人同意并付给一定的酬金后，我们请朱七十奴将这宝物运抵驻地，当即就让民工进行洗刷。这老乡眼中的石板我眼中的石磬的本来面目，在清泉的冲刷下越来越清晰地显露出来。我当时还不想让民工将它洗得一尘不染，尤其是上面粘连的炕胶，现在局部还保留有一些痕迹，我的本意是希望巨磬不要忘却这一段火中炙烤的记忆。

据说在这之前不久曾有一古董贩子想要收购这块已经残破的石板，主人没有出手。老太太心想，这也许是件值钱的东西，如果真是这样，也算是先夫给她造的福，所以不能轻易出手。

幸亏主人没有出手，不然这件可称得上国宝的重器又不知会流落何方。

三、宝器重光

巨磬重又显形，得来非常意外。那天是6月12日，我带领两位探工在村南一农户果园中钻探，为的就是确定遗址南壕沟中部的走向。果园中有棵很大的核桃树，还有一些梨树和苹果树，树上都开始结果了。这个季节已进入雨季，本是干旱的盆地开始有了一些湿润的感觉。在果园钻探临近结束时，天空乌云翻滚，突来阵雨，我们本想在核桃树下稍避一下，可是雨却越下越大，眼看衣服就要湿透。在一旁观看钻探的热情的主人——一位70多岁的老太太让我们进她家中避雨，看样子只有打扰一下主人了，于是我们跟着她进了果园旁边的一座院子。

这是一座破旧的院子，有婆媳二人带俩孩子过日子，这就是朱七十奴的家，老太太便是她的婆婆。她们已在离此处不远的一座果园中盖了新房，不久就要迁入新居。那座新居我去年在果园中带民工钻探时就已注意到了，当时只知道那是一个已故教师的家，因为那名教师是意外死亡的，房子还未及竣工。这次一进这旧居，看到北壁墙上挂着一个镜框，上面写着"人民教师光荣"的字样，就问主人家里谁在当教师，主人说她那儿子已经故去，我立时就与去年见到的果园新房联系起来，知道那就是她们建了一半的新家。

雨好一会儿也没有停下的意思，我开始和主人唠起了家常，知道了这个家中发生的那么多的不幸。探工喇虎本来坐在廊下吸着主人递过去的香烟，我突然听到他惊叫了一声：那儿怎么有一块怪石头！说着，就见他冒雨往门口奔过去。我转眼望去，见他摸着门边一块三角形石块感慨不已，很快他又发现旁边还有一块更大的石板，急忙招呼我，让我快看是什么宝物。我奔过去一看，马上就感到有了一个不寻常的发现。石板很大，用手指粗一比量，长近1米，宽60多厘米，厚4厘米左右。石板表面颜色黑青，两面琢制平整，四周以切割方法整形，形状很规整。在长边一侧琢有一孔，可以将石板系绳悬挂起来。我立时判断出，这应是一方罕见的古磬！

石磬重又显形，多亏了探工喇虎。喇虎这个人我非常喜欢，个儿不高，40多岁，是一个正直、勤劳、机敏、热情、乐观的土族汉子。他是远近有名的花儿歌手，年轻时曾在省城献演。钻探时每在村外地头遇见爱唱爱听的媳妇们，她们总要邀他高歌几曲，我也因此有了较多机会了解花儿所表达的意境。喇虎虽是农民，但有文化，谈吐得体，汉语相当流利，时不时还有非常文雅的词句从他口里蹦出来。他对中国历史的了解程度，也远在一个普通少数民族汉子之上。他很灵巧，会干铁匠活，对考古钻探的方法掌握得也很快。

我和喇虎在钻探间隙曾一起谈论过黄河石，这里有的村民在黄河水落时要到河滩上去寻觅形状和纹路特别的石头出售，有人常来村里收购，附近的镇子里开有专门的黄河艺术石商店。黄河石被城里人看成是一种高雅的艺术品，那自然造化之工，那鬼斧神工之奇，也令受现代观念熏陶的土族人神往之、心爱之。我们曾不止一次地因钻探避雨走入村民的院中，欣赏村民们从黄河滩拾来的大大小小的各色石块。正因为有了黄河石的感受，有了对特别石块的关注，所以当喇虎看到朱七十奴家的大石板时才会突发惊叹，才会有类似发现新大陆的欣喜与冲动。

事后喇虎跟我开玩笑说，他与朱七十奴家人一样，也该有一份同样的报偿。这话太对了，石磬的真正面世，他也拥有一份发现者不可磨灭的功劳。

我想，如果40多年前那个小伙子不将石板背回家，如果石板不是盘在炕上而是垫入猪圈，如果河滩土炕还没有拆除，如果拆了土炕却没有将石板运回，

喇家遗址石磬

如果古董贩子再多掏点票子，如果在钻探时没有遇上那场及时雨，如果没有喇虎的好奇心……如果不是那么多如果，这石磬现在还不知怎么样了呢。有人说，这也许是天意，现在应当是这石磬真正面世的时候了。后来有一个在唐山求学的爱好考古的学生，在报纸上得知石磬发现的过程后，还特地给我打来一个电话，感叹许多重要古物可能没有机会被这样发现出来而遭到毁损甚至是灰飞烟灭。我说这里面有一个素质问题，如果民族的文化素质上到一定水准，就不会有那么多的憾事了。

宝器重光，经历了这么多的曲折，也算是功德圆满了。

四、器王·王器

清洗完毕，挂起巨磬，在房东的杂物中寻得一支木槌，轻击不同部位，乐音铿然，宏远深沉，让人肃然起敬。我欣赏这美妙音色，脱口说出"此乃王者之器"，王国道副所长接话道"也是器者之王"。真是，这石磬可以称为磬王，是为黄河磬王。此磬长96厘米、宽61厘米、厚4厘米左右，应当是目前中国考古所发现的最大的磬了，也可以依照商器例称为"特磬"。《光明日报》报道时直接称之为"石刀"，它是仿制同时代长方形石刀的形状制成，与传统所见的弓背曲尺形磬不同。从喇家的发现看，石磬的形状应当与生产工具有些关联，黄河磬王应当是脱胎于齐家文化的石刀。《尔雅》云"大磬谓之馨（xiāo）"，说明古时大磬还有专门的名称。郭璞注说"形似犁"，这倒是一个有意思的提示。似犁也好，似刀也罢，磬的原型显然与农具有关系。

行文至此，我想起了黄金分割律，用计算器一算，黄河磬王的构形正好符合黄金律，这又是一个令人激动的新发现。这说明齐家文化居民制器时在美感方面已有了充分考虑，石磬的造型与大小并不是随心所欲确定的。我们由此对齐家人当时各方面取得的成就应当有充分的估计，还要进一步调整思维空间，以迎接可能会有的一些更重要的发现。

还值得说道的是，我和叶茂林与古磬可能有一种特别的因缘。在此之前，我们还曾发现过另一件商周时期的石磬。那是1994年在长江小三峡发掘时发现的，出土地是重庆巫山的双堰塘遗址。因为有了那件特磬和其他铜器等，这个遗址才为学者们重新认识，它作为古代巴人的一个早期政治中心的地位由此得到确认。同样地，喇家遗址巨磬的显形，也在很大程度上提升了遗址的等级，它是遗址作为中心聚落乃至古国城堡的又一个重要的标志。

史前时代末期就已出现了磬，它在早期应是一种礼乐器。《淮南子》说禹"以五音听治"，所谓五音即是指钟鼓磬铎之类。当时辅臣要见禹论道就响鼓，言义则撞钟，告事便振铎，报忧要击磬，各种乐器的功用非常明确。其实尧时就建立了以乐治政的方式，《尚书》有言"击石拊石，百兽率舞"，所说的石正是磬。20世纪七八十年代山西襄汾陶寺遗址3015号墓曾出土一件打制石磬，长度达到80厘米，在当时已是巨磬，发掘者依照商器例称"特磬"。陶寺特磬的形状与商周时代的磬已较为接近，大体为弓背形。其实齐家文化先前还曾出土过一件石磬，出自青海乐都柳湾遗址的1103号墓，形状亦为弓背形，残长42厘米余，推测本来的长度当在60厘米左右。这种磬就是郭璞所说的犁式磬，后世的编磬一般都是采用这种样式。喇家黄河磬王外形特别，为长方形，器形更大，制作也更为精致。

陶寺大墓中一般都有与鼍鼓共存的特磬，它们被看成是与礼制相关的一组乐器。这两种乐器在商代王陵和方国首领墓中曾出土过，金文和古籍记述表明，它们是王室和诸侯专用的重器。这使一些学者有理由认定，鼍鼓和特磬是社会高层使用的礼乐器，是至高无上权威的象征之一，它们的出现应当是文明形成的一个重要表征。苏秉琦先生也曾认为像陶寺这样的鼍鼓和特磬组合，它们并非一般的民乐器类，而是"摆在厅堂或更隆重的场所，作为礼仪性质的设施"。正是基于这样的认识，我们更觉得喇家遗址的重要。这件磬王出土后传出的古老乐音，足以让我们感受到许多已经逝去的高峻与威严。磬王的主人或许只是一个小国之君而已，但不论大小，他所据有的也是一个王位，他所拥有的也是君王的威权。

如今，聆听这方黄河磬王发出的深沉悠远的乐音，能从中感受到大西北曾经有过的灿烂与辉煌。

面条的年龄

青海民和的喇家遗址因发掘出4000多年前一场突发的灾难现场，曾引起各方的关注。后又因灾难现场出土了一碗古老的面条，喇家遗址再次受到广泛关注。

这碗意外保存下来的面条，让人们很是兴奋，兴奋之余又很是疑惑不解。按我们已有的常识，按祖宗传下的说法，中国的面条只有2000岁左右的年龄，它怎么一下子古老了这么多呢，这个4000多岁的年龄在我们现存的知识系统中还真不容易放到一个适当的位置上去。

这碗面条千真万确，4000多岁的年龄不容置疑。

那是2002年，喇家遗址仍在继续发掘中，在20号房址内的地面清理出一些保存完好的陶器，其中有一件篮纹红陶碗，略为倾斜地翻扣在地面上。在现场揭开陶碗时，发现碗里原来是盛有物品的。陶碗移开后，地面上留下一堆碗状遗物。它的下面是泥土，而碗底部位却保存有很清晰的面条状结构。这些条状物粗细均匀，卷曲缠绕在一起，而且少见断头，其直径大约0.3厘米，保存的总长度估计超过50厘米。它的颜色还显现着纯正的米黄色，也没有硬折出的弯度，表明原本具有一定的韧性。

中国科学院地质与地球物理研究所吕厚远研究员提取陶碗中的实物进行了检测，认定陶碗中的遗存物是面条。

青海民和喇家遗址出土的陶碗及面条

验证时，从碗底到碗口采了六个部位的样品，三个取自条状物层，三个取自条状物所在的土层。首先通过分析植硅体的途径，确定标本是否含植物遗存，结果发现有两种类型植硅体含量在条状物层特别高。接着通过与西北地区常见的大麦、青稞、小麦、小米、高粱、燕麦、黍子、狗尾草等80多种植物果实中的植硅体形状进行比照，发现这两种植硅体的形状与小米和黍子非常吻合。由此判断条状物层里保存有大量的小米和黍子的典型壳体植硅体颗粒，壳体植硅体的含量每克样品中达10万粒甚至以上。

为进一步验证，又进行了淀粉粒偏光实验。淀粉粒也可以在地层里保存上万年，它是由碳、氢、氧组成的一种矿物质，在偏光显微镜下观察有削光的特征。偏光实验表明，条状物中的两种物质所呈现出的特征也与小米和黍子最为匹配。在显微镜下观察，条状物中淀粉的光学性质显示大量的淀粉颗粒还没有完全糊化。

通过分析，最终排除了其他可能，确认喇家遗址出土的陶碗里的遗物为食物，成分是大量的粟与少量的黍。也就是说，陶碗里的条状物是面条，这碗古老的面条是由小米面和黍米面做成的。

实际上小米面本就可以加工成面条，在中国北方农村现在都还有用小米磨面做面条的吃法，这样的面条正是在专用的工具里压出来的，北方人一般称为饸饹面。

令人感兴趣的是，在分析面条样品时，还检测到少量的油脂、类似藜科植物的植硅体以及少量动物的骨头碎片，这些应当都是这碗面条的配料，说明这还是一碗荤面。

这么说来，我们的先民在4000多年前已经用小米和黍子混合做成了最早的面条。虽然它的具体加工工艺还不清楚，但是这个过程中对植物籽实进行脱粒、粉碎、成型、烹调的程序一定都完成了，而且这碗小米面条做得细长均匀。在中国乃至世界食物史上，这应当算是一个重要的创造，也是一个重要的贡献，它为人类的饮食生活增添了一个有滋有味的内容。

过去一些学者认为古代中国是以粥饭方式食用五谷，即粒食传统。而面食传统起源较晚，可能到了汉代才较为普及。有些文章还认为中国的面食技术是汉代自外域传入的，不属本土原有的粒食传统。

一说到面食，必然要提到小麦。一般认为，饼食的出现，与小麦的普及种植有关，也与旋转磨的普及有关。过去一些食物史研究者认为，中国虽然在商代就有了小麦种植，甲骨文将麦称为"来"，但是就食用习惯而言，小麦仍然同大米、小米一样，采用的也是粒食方式，一直到周代仍是如此。周王的餐桌上摆的也只是麦仁饭，不见饼面之类。再说旋转石磨迟至东周才发明，汉代才比较普及，周王没有口福吃到饼面也是没有法子的事。

但是北方栽培小麦，根据新近的考古发现研究，在黄河中游地区应当开始于龙山文化时期，在距今5000至4000年前它已经不是稀罕之物。不过因为干旱和技术落后，更因为产量的限制，那时小麦的种植面积一定没有小米的大，人们的主食仍然以小米为主。

喇家的发现表明，在史前小米并不一定完全采用的是粒食方式，它也可以加工为粉面制品。这种初级的粉面食始自何时，现在还不能考定，但北方粟作农业的历史却非常悠久，已经发现的栽培作物粟和黍的遗存，年代可早至距今8000年前，这是粉面食出现的一个基本条件。

从喇家遗址出土4000多年前的面条这一发现来看，麦子与磨存在与否，并不是面条产生必备的前提条件。

不仅是喇家的发现，其实还有不少考古学证据都表明，饼食在中国史前已经出现多样化发展趋势，史前人享受到的美味，比我们想象的似乎要多一些。

他们的盘中餐不仅有面条，还有烙饼、烤饼之类。

北方一些地区流行一种现做现卖现吃的小吃，叫煎饼果子。煎饼标准的煎锅称为鏊，面平无沿，三条腿。《说文句读》中说："鏊，面圆而平，三足高二寸许，饼鏊也。"《正字通》中也说："鏊，今烙饼平锅曰饼鏊，亦曰烙锅鏊。"可见鏊在古代，是专用于烙饼的炊器。有鏊就有煎饼，由饼鏊的产生可以追溯烙饼的起源。

考古人员在内蒙古准格尔旗的一座西夏时代的窖藏中发现过饼鏊。这件西夏铁鏊为圆形，鏊面略略鼓起，上刻八出莲花瓣纹饰，有稍见外撑的三条扁足，直径44厘米，高约20厘米。这是一具实用的铁饼鏊。

年代最早的饼鏊是在新石器时代遗址中发现的。1980年和1981年，考古人员在河南荥阳点军台和青台两处仰韶文化遗址，发掘出一种形状特殊的陶器，陶色为红色或灰色，陶土加砂，上为圆形平面，下附三足或四足，底面遗有烟炱。发掘者称这种器物为"干食器"，以为是"做烙饼用的"。它真的就是陶饼鏊，是仰韶文化居民烙饼的烙锅。这种陶鏊在这两处遗址出土较多，说明那里的居民比较喜爱烙饼。当时烙饼的原料，亦当是小米面。

从考古发现来看，古代中国用鏊的历史相当悠久，可以追溯到5000多年以前，这也就说明了这样一个问题，烙饼的起源，不会晚于距今5000年前，还很可能上溯到更早，因为陶鏊已是很成熟的烙饼器具。在此之前，可能还有更简单的鏊具。西南地区有的少数民族有用石板烙饼的传统，中原地区最早的饼鏊也许就是石板。其实喇家遗址发现的烤炉，就是一件石板鏊，说不定喇家先民也烙过小米煎饼吃呢。

烙饼是一种面食，新石器时代晚期有了烙饼的陶鏊和石鏊，成熟的面食技术已经出现。那时虽然还没有发明旋转石磨，但早已使用平板石磨盘，后来又有了进步的凹槽磨盘，这样的磨盘可以给谷物脱粒，也可以将籽粒磨成粉面。

北方在史前的面食，原料在一部分地区是以小米为主的。南方虽然收获的是稻谷，大米也是可以做成饼的，大米的饼食方式也许更简单一些。大米在泡过之后，很容易捣成粉面。大米面可以直接入汤做成糁羹之类，也可以像面粉一样做成粉食。在周王的餐桌上，有将米麦炒熟捣粉制成的食品，称为"糗饵

面条的年龄

仰韶文化遗址出土的陶鏊

河南新郑裴李岗遗址出土的石磨盘

粉餈"。这种食法，在南方现在都还有保留。《说文解字》便说"饵，粉饼也"，云南人将大米面薄饼称为"饵块"，看来是有些来由的。

其实有了粉面，食物的品类会增加很多，不限于饼面之类。直接用它做成糊糊，更是便当。不过要细细论起来，饼食起源也不是容易考究得明白的。好好的粮食，人类怎么就突发奇想要将它捣碎了来吃呢？也许是舍不得扔掉在脱粒过程中磨碎了的碎末，将它们收集起来烹饪时发现了粘连的特性；也许是为了喂养婴儿，需要有意将米粒捣碎了做成糊糊。有了一种特别的需要，又有了一些基本的技术条件，遇到一个契机，智慧发挥出来，一件发明便会完成，面食兴许就是这样起源的。

还有一个概念问题，史前人用平板磨和凹槽磨加工面食一定没有后来的旋转磨精细，但不论是粉还是面，也不论是小米面还是大米粉，都可以做成饼。由粒食到面食，这是人类饮食生活迈向精细化的重要一步。在古代中国，迈出这一步的时间，应当不会晚于5000年前。

面食在中国古代通称饼食，包括面条、烧饼、馄饨、包子与馒头之类。

按照日本学者的研究，中国古代面食开始的年代，是在纪元前后，只有2000多年的历史。而面食的真正普及却是在唐代以后，那就只有1000多年的历史。因为中国古代文献中记述的面食，晚到西汉时期才见到，扬雄的《方言》中提到了饼，饼是对面食的通称。后来刘熙《释名》更明确说"饼，并也，溲面使合并也"，同时提到了胡饼、蒸饼、汤饼、索饼等面食名称，而汤饼与索饼便是地道的面片与面条之属。

现在看来，以文献作为出发点的考证有了明显的局限性，不能作为充足的凭信。不过文献对汉唐以后面食发展的研究，却是值得取证的。从文献记述来看，面条在东汉称为煮饼，魏晋则有汤饼之名，南北朝谓之水引或馎饦，唐宋有冷淘和不托，还有特色面条萱草面。

宋代时面食花样逐渐增多，因为食法的不同，便有了一些特别的名称。《东京梦华录》提到北宋汴京食肆上的面食馆，就有包子、馒头、肉饼、油饼、胡饼店，分茶店经营生软羊面、桐皮面、冷淘、棋子面等。《梦粱录》记南宋临安的面食店，也称为分茶店，经营各色面条，有猪羊盦生面、丝鸡面、三鲜面、鱼桐皮面、盐煎面、笋泼肉面、炒鸡面、大熬面、虾鱼棋子、子料浇虾臊面、银丝冷淘、丝鸡淘、耍鱼面、七宝棋子、大片铺羊面、炒鳝面、卷鱼面、笋泼刀、百花棋子面、笋辣面、笋齑面、笋齑淘、笋菜淘、血脏面、蝴蝶面、齑肉菜面、素骨头面等。

元代时出现了干储的挂面，明清出现了抻面和削面。后来各地的面食风味也不尽相同，有汤面、凉面、卤面、油泼面、捞面、刀削面、空心面、拉面等，又有宽面、细条、面片、龙须等，烹调方法有热煮、凉拌、脆炸、软烩及干炒等。面条的世界，就这样越发灿烂起来。

冷面值得说一说。二十四节气中有夏至，旧时北方人此日必得吃面，而且是冷面。冷面见于《帝京岁时纪胜》的记述，说夏至当日京师家家都食冷淘面，就是过水面，称作"都门之美品"。京城中还流行这样一条谚语："冬至

唐代擀面女俑

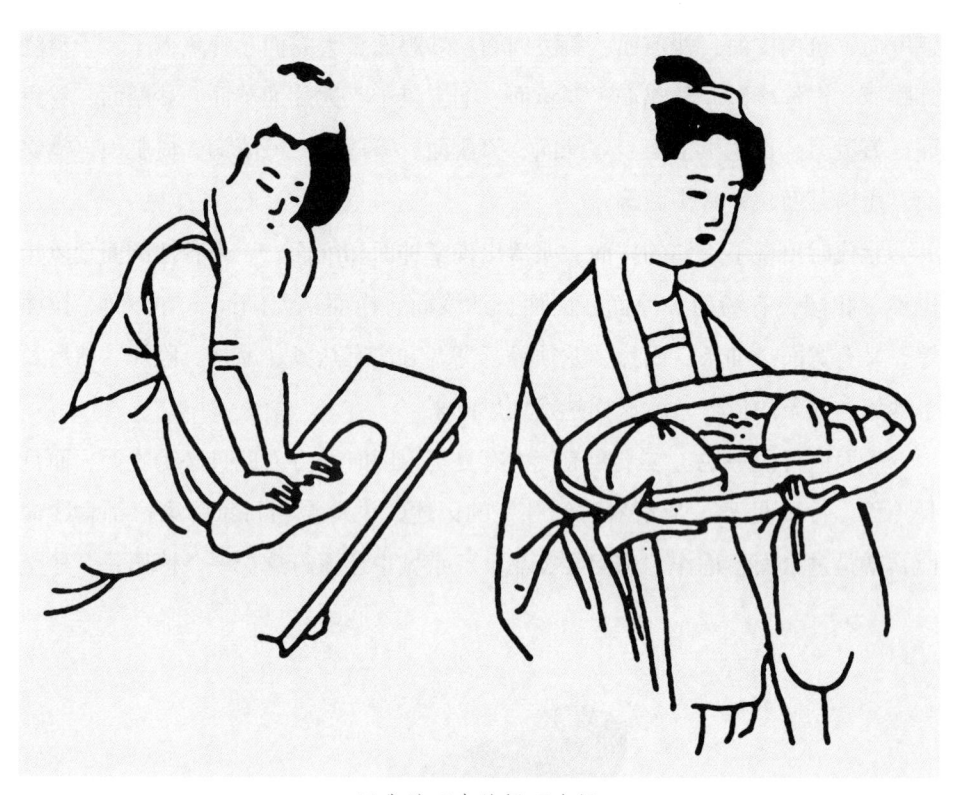

辽代壁画中的揉面女厨

馄饨夏至面。"书中又说，京师人无论生辰节候，婚丧喜祭宴享，夏日早饭都吃过水面。

过水凉面的吃法，早在宋代就很流行。宋代林洪《山家清供》中提到"槐叶淘"的凉面，做法本出唐代，杜甫有《槐叶冷淘》诗，诗中道出了凉面的做法，说吃这面时有"经齿冷于雪"的感觉，连皇上晚上纳凉，也必定叫上一碗凉面来吃。宋代招待大学士，食物中有肉包子，当时称为馒头。不过在每逢三、八日的例行课试时，又有特别的馔品，有"春秋炊饼，夏冷淘，冬馒头"之说。大学士能吃上凉面，也算是一种特别的待遇。

我们现代饮食中仍然喜欢食用的面条，虽然算不上顶级美食，却是地道的大众食品。面条在世界上许多地区也是很流行的食物，亚洲各国每年收获的约百分之四十的小麦被用于制作面条，统计显示每天全世界有十亿人要吃一次面条。

面条成了全球人的通食，饱食之余，会用些心力探究它的起源，会关心它的年龄，想弄清楚它为人类服务了多长的时间。

过去的研究以文献记载为依据，认为古代有关面条最早的记录可以追溯到东汉时期，面条是古代中国人发明的。但是在国外流传着另外的说法，认为面条最早是中世纪时期在中东地区发明的，后来通过阿拉伯人传播到了意大利，意大利人进一步把面条食品传播到欧洲以及全世界。于是，意大利人和阿拉伯人都声称自己最早发明了面条，而且早于中国的东汉时期。意大利人拿面条当作骄傲，还建起了面条博物馆。考古人员在今罗马北方的伊楚利亚古国一幅公元前4世纪的古墓壁画中，见到奴仆和面、擀面、切面的场景。但是人们也很清楚，不管是伊楚利亚人或意大利人，通常都是将面拿来烤食的，而水煮的面条可能是在5—8世纪从阿拉伯传到了意大利。这比马可·波罗有可能从中国回到欧洲的时间显然要早一些，那面条是马可·波罗自中国带回意大利的说法也就无从说起了。

冯承钧所译《马可·波罗行纪》中涉及中国饮食时提到："……收获小麦者仅制成饼面而食。"所说的"饼面"从中文字面看不明白为何物，万人文库版的英文原著所写"饼"的原文是英文pastry（面粉糕饼），"面"用的是意大利文vermicelli（通心粉细面条）。文中用vermicelli而不是英文常见的noodles（面条），说明马可·波罗是借母语中的专有名词，来称呼他在中国看到的形状与他所熟悉的意大利面条相似的面条。这也即是说，马可·波罗出发前在他的老家意大利已经吃到过面条，那么，古代意大利面条和中国面条之间显然没有什么必然的联系。

过去有人声称，马可·波罗把面条从中国带到意大利，而意大利人则说马可·波罗之前就有面条。从喇家的考古发现来看，东西方的面条一定各有渊源，它与文化传播没有什么关系。

4000年前的中国餐叉

当代中国的城市居民，对西餐已是非常熟悉，自然都知道享用西餐应当用餐刀餐叉，而且还可能认为餐刀餐叉一定是西方人的发明，因此对西方文明津津乐道。或许大家不知道，其实中国人在很早的时候就发明了餐叉，这个发明完成于史前时代。在历史上，我们的先人仍然保留着使用餐叉进食的古老传统，只是由于这传统时有中断，餐叉的使用在地域上又不很普及，所以不为我们一般现代人所知晓。

考古学家在青海同德发掘了一处名为宗日的遗址，其年代可早到距今4000年的新石器时代，于堆积中意外发现了一枚骨质餐叉。这枚餐叉为双齿式，全长25.7厘米。新石器时代的餐叉在中国并不是第一次出土，此前在甘肃武威皇娘娘台齐家文化遗址，也曾出土一枚扁平形骨质餐叉，为三齿。这两枚餐叉都出土于西北地区，这倒是一个很有兴味的问题，应当说明那里可能是餐叉起源的一个很重要的地区。

餐叉在中国起源于新石器时代，它同餐勺一样，起初都是以兽骨为材料制作而成的。到了青铜时代，使用餐叉的传统得到延续，考古发现的这个时期的餐叉也多由兽骨制成。如在河南郑州二里岗商代遗址就出土过一枚骨质餐叉，也是三齿，全长8.7厘米。这枚餐叉柄部扁平，和齿部之间没有明显的分界，制作稍显粗糙。

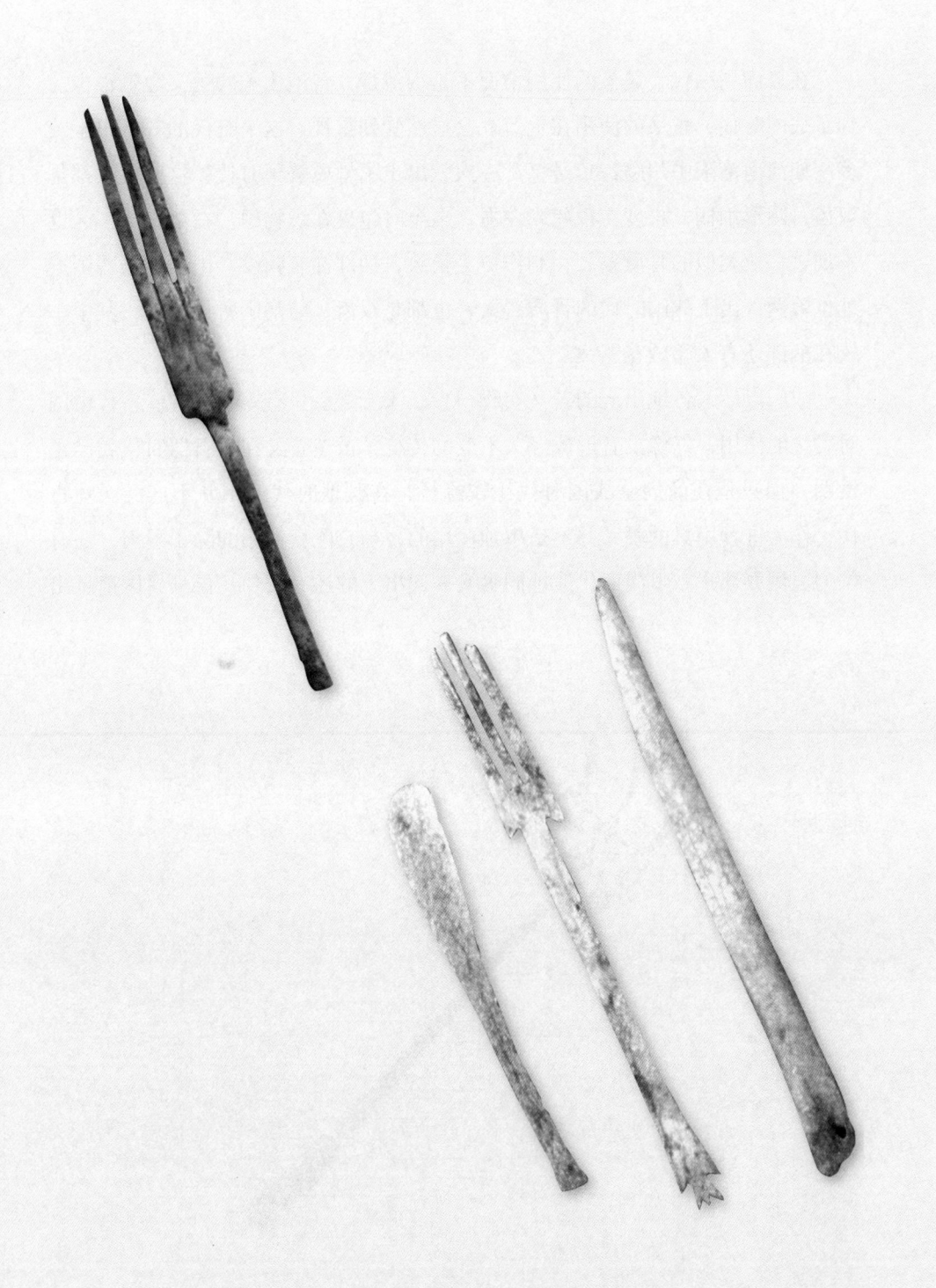

齐家文化遗址出土的餐叉、餐勺、餐刀

在夏商周三代，餐叉的使用情况不是很清楚，各地出土的餐叉数量很少。到了战国时代，餐叉的使用在上流社会显然受到重视，这个时代的餐叉出土较多。如河南洛阳中州路2717号墓，一次就出土了骨质餐叉51枚。这些餐叉都是双齿，圆形细柄，长度在12厘米左右，出土时包裹在织物中。在洛阳西工区也发现过一枚类似的骨质餐叉，制作更为精致，柄部饰有弦纹。山西侯马晋国遗址也曾两次出土战国时代的骨质餐叉，也都是双齿，与洛阳所见相同，其中一枚在柄部还有火印烫花图案。

战国以后，各地出土的餐叉实物很少，汉晋之后只有零星发现。古代中国对餐叉的使用，好像没有形成经久不变的传统，虽然餐叉在新石器时代就已经发明，但只是在商周至战国时代比较流行，在其他时代使用并不广泛。在古代，作为进食用具的餐叉并不是单独使用的，与它配套使用的除了餐刀，还有餐勺。例如郑州二里岗商代遗址同餐叉一起出土的还有餐勺，侯马晋国遗址出

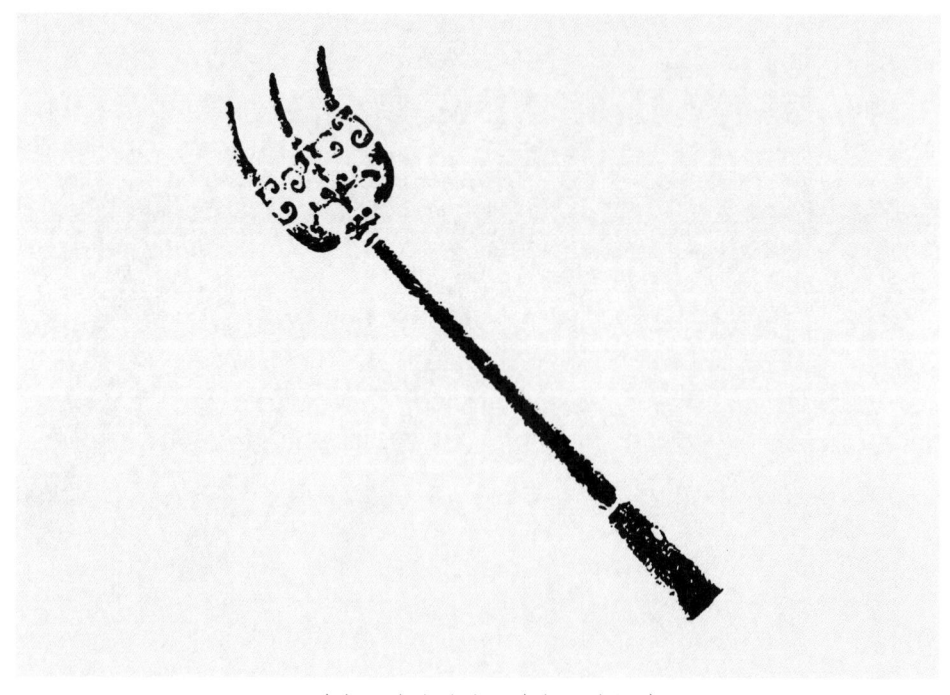

河南辉县出土的战国青铜大毕拓片

4000年前的中国餐叉

土的餐叉也是与餐勺共存的。

餐叉的使用与肉食有不可分割的联系，它是以叉的力量获取食物的，与匕与箸都不同。先秦时期将"肉食者"作为贵族阶层的代称，餐叉在那个时代可能是上层社会的专用品，不可能十分普及。下层社会的"藿食者"，因为食物中没有肉，所以用不着置备专门食肉的餐叉。

过去对古代餐叉的名称不清楚，文献中不易查寻到相关记述。我们注意到，"三礼"中记有一种叫作"毕"的礼器，是用于叉取祭肉的，略大于餐叉。考古学家也发现过一些青铜制作的毕，长可及30厘米，应当就是文献记述的礼器毕。

与毕形状相同、用途也相同的餐叉，在先秦时期名称可能一样，也叫作"毕"。而在汉代以后，是否仍叫作"毕"，我们现在还无法知道。古人以为毕是因形如叉的毕星而得名的，实际上也可能是毕星因形如作为进食用具的毕

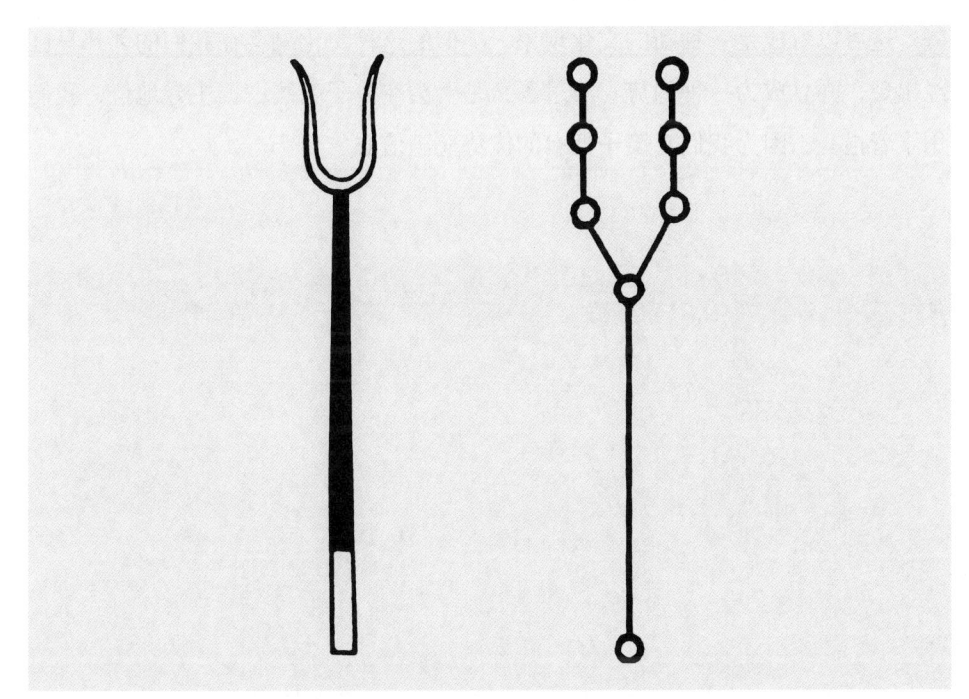

毕与毕宿（见明代王圻、王思义撰《三才图会》）

175

而命名的，因为不少星宿都是借常用物的形状命名的。

在古代中国人的餐饮生活中，餐叉在相当的时空范围内有过中断，以致很多人不知道我们的先人曾经制作和使用过餐叉。随着西餐的渐入，与西餐一同到来的餐刀餐叉与餐勺也充分让人们认识到，它们是享用西餐必备的进食用具。事实上，西方人用餐叉的历史并不十分久远，就在三个世纪以前，相当多的人还在直接用手指抓食，包括贵族统治者。有的研究者认为，西方人广泛使用餐叉进食，是从10世纪的拜占庭帝国开始的，也有人说是始于16世纪，最多也不过1000年的历史。中国人使用餐叉的历史已经追溯到了5000年以前，不过我们没有将餐叉作为首选的进食用具，它实际上是基本被淘汰出了餐桌的，这显然是我们有更适用的筷子的缘故。现代中国在引进西餐的同时，也引进了餐叉，餐叉优越与否，是极好比较的。我以为我们之所以在享用西餐时还在那里不得已举着餐叉，完全是因为尊重西方人进食的方式，不然，我相信许多食客都会以筷子取而代之，我非常肯定这一点。

我们还发现在现代社会中出现了"中餐西吃"的现象，有人架起刀叉吃中餐，这可以看成是一种新的文化现象。类似的这种文化融会在我们的邻邦早已经出现，并且成为一种趋势。不过餐叉是否会在筷子王国占据主导地位，我们用不着担心，因为我们对筷子拥有的优势充满信心。

寻踪古老时尚里的靴子和手套

近些年常到西北行走，有一物偶尔会在眼前晃荡，一只靴子，陶靴，是古物。它摆在展柜里，看起来是一个很有故事的物件。

这靴子为何是这般模样？是谁穿过这样的靴子？他或她又走过了怎样的人

青海乐都柳湾遗址出土的陶靴

生？一次，两次，见到的次数多了，问题就跟着来了。看着面前这只靴子，觉得它是那么熟识，这哪里是古物，它分明就是现实生活中女子们脚下的时尚风情——这不就是雪地靴吗？

要说这雪地靴，其实并不能说是一样美物，它的模样并不俊俏，甚至感觉还有点笨笨的。可它似乎突然间成了女子们的冬日时尚，不论有雪没雪，都一样可以穿在脚上，都一样能感觉到特有的派头。

辛店文化的靴子，像不像雪地靴？真是像极了！可它却是大约3000年前行走在西北大地的靴子。它曾行走在寒冷的大西北，是史前先民的装备。它又像极了现在流行的时尚雪地靴。探究一下雪地靴的来历，发现现代雪地靴可是一种舶来品，这是不争的事实，可这又是一个让人放心不下的事实，应当如何来看待呢？

靴子有许多种，现在我们只说雪地靴。雪地靴的构造并不复杂，靴底、靴盖加靴筒，靴筒并不高，皮毛或仿皮毛料，追求温暖，穿脱便利。

一直以为，名为雪地靴，应当与雪天防寒有关。事实是，它与寒冷有关，却与雪无缘，这是多么的名不副实，它的发明居然与雪无关。

这种靴子最初的名字，叫ugly boots，意思是丑陋的鞋子，模样确实不美。说它与雪无关，是因为它初问世的地点是在澳大利亚。这种靴子诞生的过程，居然演绎出了一个爱情故事。一个姑娘深爱着一名飞行员，每当战机返航落地，姑娘都要用双手去揉搓恋人冻僵的双脚。飞行员有一次执行紧急任务，姑娘扯下自己的羊皮帽子和大衣领为他包裹双脚，这双丑陋的"鞋子"就这样飞上了蓝天。

这温暖的感觉非常不错，其他飞行员也都学着用羊皮包裹双脚，他们在空战中有了更好的表现。战争结束后，澳大利亚人由这空战爱情受到启发，制造出名为"uglyboots"的羊皮靴，后来澳大利亚人亲昵地称其为"UGG"，想不到它后来成了全世界潮人推崇的"UGG"雪地靴。之后，澳大利亚有人创立了鞋业公司，开始制作"AuHers"雪地靴，于是就有了后来风靡世界的这一款靴子。

虽然这个爱情故事作为背景显得有些突兀，但澳大利亚用雪地靴装备空军,大约是可信的。雪地靴里面是羊毛,外边是轻软的羊皮,圆头圆脑的样子。所以雪地靴又被称为FUGG,也就是Flying Ugly boots——航空雪地靴。其实称雪地靴是一个误会,叫"飞天靴"才更名副其实。

这种靴子由军用转到民用,经历了近百年的时间才登上时尚宝座。澳大利亚的UGG靴子最先被带到美国,它的样子并不受赏识,只是到1995年,Deckers(德克斯)户外运动公司接手经营,让好莱坞明星穿上雪地靴而使之一举走红美国,而后迅速在许多国家获得认可。

从1996年开始,多个品牌的雪地靴陆续登陆中国,经过十多年的尝试,2009年雪地靴销量暴涨,澳大利亚雪地靴本土品牌也跟着进军中国,掀起一股不小的雪地靴风。当然国内厂家也不甘落后,咱也仿着造吧,山寨的靴子似乎品质也不差。

其实在中国历史上,早就出现过靴子,形形色色,不可尽言。一般来说,那都是男子的装备,更多的是军士们的行头。不过稍稍寻觅,还是可以发现女子的脚上也出现过那温暖柔软的靴子。

李白诗《对酒》,说那吴姬十五"青黛画眉红锦靴,道字不正娇唱歌"。

杜牧诗《留赠》,是写给舞女的,"舞靴应任闲人看,笑脸还须待我开"。

黄庭坚词《西江月》,也是写的舞女,"转眄惊翻长袖,低徊细踏红靴"。

唐宋时代的女靴,就这样悄悄隐形在诗人们的眼里。古代中国的女人靴,自然也不仅只风行于唐宋。因为汉唐女子多着长裙,在图画与雕塑上不易发现女靴影踪。倒是在楼兰出土的干尸上,我们看到了女子双脚蹬着的皮靴,那模样与现代雪地靴也没有什么明显不同。

战国的情形,可以洛阳金村出土的驯鸟铜像为例,一个小女子双手各执一棒,棒头立鸟,她的脚上穿的正是矮筒靴子。

其实靴子的出现,可以追溯到史前。前面提到陈列在展柜里的陶靴,靴面及靴筒上还有彩绘,属于辛店文化,在青海乐都柳湾遗址出土,是史前遗物。

在甘肃玉门的火烧沟遗址,还见到一件彩陶双耳罐,陶罐的底部做成穿着

甘肃玉门火烧沟遗址出土的靴形陶罐和陶人

靴子的双脚模样，属于四坝文化。火烧沟遗址还见到一件陶人像，人像双手插兜，脚上是一双大靴子。这样夸张地表现靴子，匠心独运。

年代更早的发现，还有属于齐家文化的双脚形陶罐，那脚上显然也穿着靴子。

齐家文化、四坝文化和辛店文化的靴子，应当是真正的雪地靴吧。西北寒季较长，风雪也大，靴子的发明与流行也很自然。那时游牧业发达，羊皮也来得容易，做一双皮毛靴子，不会那么困难。

让人惊诧的是，这些史前的靴子，与现代雪地靴如出一辙，它们竟然如此雷同。千年的时尚，在此重现，让人好生慨叹。时尚有时就是突然刮起的复古风，你以为很新潮，其实是古风回潮呢。试想潮男潮女脚上出现的是齐家靴或是辛店靴，多了一种几千年的沧桑感觉，一定更好，一定会感受到来自古老年代的作派与风潮。

古代的靴子，是御寒一宝，有了靴子，脚的问题解决了，那手的问题怎么办，它在大冬天也受不了那个冷呀。

其实，在有靴子后，最晚至汉时又有了袜子，又称足衣。与这袜子同时出现的就有手套，有了手套，手的御寒问题也就解决了。

那个年代真有手套吗？中国古代对手套的称呼又是什么？

曾经有人说手套是舶来品，最早出现于公元前6世纪的《荷马史诗》，中国古代貌似没有出现过手套，我们古代的衣服袖子都很长，手都藏在袖子中。清朝末年，外强入侵，带来了手套，民国时期就流行开来了并得到广泛的应用，那时就叫手套。西方手套的用途，或说手抓饭要用，女性作装饰要用，宗教仪式要用，骑士要用，都与御寒无关，而这些恰恰可能是手套衍生的用法。或说手套是猎人的发明，后来才被当作御寒的工具。推论也比较武断，将手套的发明权判给猎人不能让人信服。手套起源也许有多个途径，但御寒一定不会是次生用途，它应当是成就这项发明的一个原生动机。

瞧这一番"道理"，讲得还很充分，结论却很武断，它与正宗的考证无关。还见有人撰文谈手套传入史，称手套"传入中国，仿而制之，至多300年"。以为中国古无手套，一个重要理由是文献上没有记载。可手套在古代未

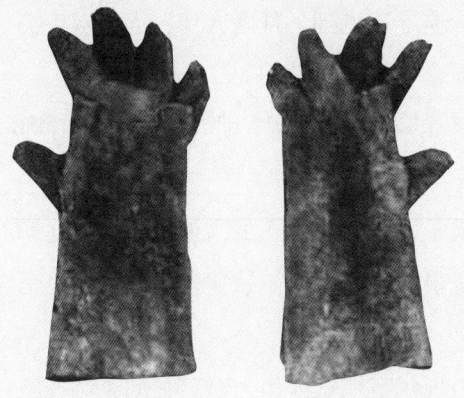

湖北江陵藤店一号楚墓出土的战国皮手套

新疆民丰尼雅一号墓地出土的织锦手套

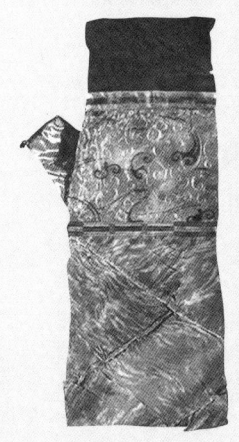

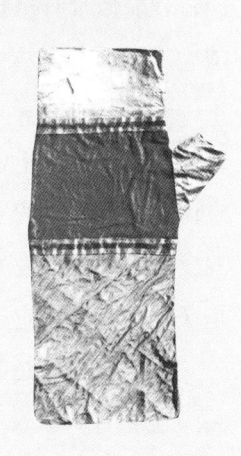

湖南长沙马王堆汉墓出土的纺织品手套

必就是用的这个称呼,那在文献上怎么能查出来呢?

不过,还有其他人注意到中国古代手套的起源探索,结论没有上面的说法这样悲观。

考古发现证实,古代中国在战国时代就有手套,湖北江陵藤店一号楚墓发掘出土有"越王朱勾自作用剑"的鸟书铭文越王剑,同时还发现有一双皮手套。皮手套长28.5厘米,五指分开,套口稍长,与现代手套的通常样式非常接近。这当然是那会儿贵族所用的好东西,平民也许还没有可能用它,至少没有皮手套。

古代还有丝绢绫罗缝制的手套,湖南长沙马王堆汉墓就有出土。墓中随葬的一件九子漆奁里,就装着三副手套。其中一副朱色菱纹罗手套,长26.5厘米,直筒露指头形,大拇指套分缝,掌面为朱红色菱纹罗,掌部上下两侧饰"千金绦",绦上有篆书白文"千金"字样。

在新疆地区也曾出土东汉至晋代的织锦手套,如民丰尼雅一号墓地三号墓出土的一副手套上还织有"世毋极锦宜二亲传子孙"字样,长35.5厘米。它的形状与马王堆汉墓所见相似,四指合并,大拇指歧出,露出指头。

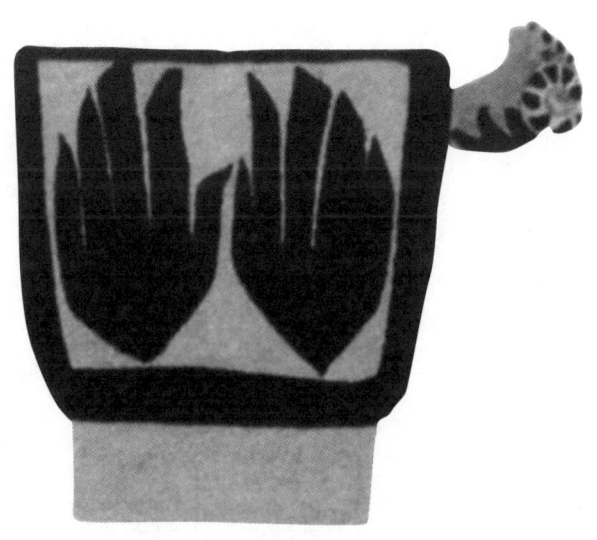

甘肃玉门火烧沟遗址出土的彩陶

在马王堆汉墓中，由于墓中所有的随葬品都登记在简册上，所以我们才有机会知道汉代人称手套为"尉"。尉，按《通俗文》说，"火斗曰尉"。火斗就是熨斗，这个尉就是熨，看到这个字就已经有温暖的感觉了。手套取名为尉，与这个火斗关联很大。

手套的名称，显然是晚近出现的。现代南方人俗称手套为"手笼"或"手笼子"，手笼这个名字清代就有，明代也有。今贵州安顺屯堡明代移民后裔仍用手笼，这是600年前的风尚。手笼又指称一种筒状护手，或称手筒、暖手筒，双手对合筒中，可保暖，但不如手套那样方便做事。

现代使用的手套，有合指和分指式样的不同，也有露指与不露指的区别，这些式样都有不短于2000年的历史传统。

当然，手套的历史并不会只有这2000或3000年，今后应当还能发现更早的证据。在甘肃玉门火烧沟遗址出土的彩陶上，还见到彩绘的手形，也许表现的就是手套。在寒冷的大西北，手套的发明年代不会太晚。

靴子与手套，保护的不仅是肢体，也温暖着人们的心。几千年过去，古老的时尚文化似乎还没有过时，它们还在温暖着我们的身心。

河西东厨的魏晋食尚

——嘉峪关墓室彩绘砖画

甘肃河西走廊中部的嘉峪关，是万里长城的终点。在它附近的戈壁滩上，分布着许多大大小小的古代墓葬。这些镶嵌在丝绸之路咽喉要道上的一颗颗明珠，闪耀着古老汉文明的璀璨光芒。甘肃省文物考古工作者1972年在这一带发掘出六座魏晋时代的壁画墓，获得彩绘砖画600余幅。这些画面一般都绘制在单块墓砖上，按一定规律嵌砌在墓壁上。

这批砖画的内容比较丰富，题材广泛。主要描绘的是古代劳动人民农桑、狩猎等生产活动，还有兵屯、出行等统治阶级的活动场面，此外就是大量的有关烹饪、宴饮风俗的生动画面。这六座墓所见的砖画，与饮食烹饪有关的多达162幅，占全部砖画的近三分之一，这在其他时代的墓室壁画中是绝无仅有的。砖画在这方面描绘的有酿造、宰牲、烹饪、献食、宴饮等内容，每个有壁画的墓基本都包纳有这些内容。壁画作者以熟练的技巧，简洁生动地描绘了一幕幕真实的场景，使我们获得了从古代文献中不可能得到的公元3—4世纪社会生活的形象资料。

一、酿造图

在一条长案上摆着两三个大陶罐，罐底凿有小孔，从孔里流出一股液体，注入长案下面的陶盆里。这就是酿造图，一共见到6幅，其中有一座墓绘有3

幅。很显然，这是酿造过程中过滤工艺的写实。

酿造物是什么呢？发掘者在报告中称之为"醋"，认定这是《滤醋图》，并援引过去河西走廊地区制醋工艺为证，认为二者的操作过程完全相同。这种看法很有道理，北魏贾思勰所撰《齐民要术》所记的"酒糟酿醋法"，最后出醋时便是用这种底部有孔的滤罐过滤。当然，也不能一概言之，因为在其他酿造过程中有时也有过滤这一工序，所以不可断言这一定就是滤醋的图像，也可能描绘的是酿酒等。如《玉篇》云"酳，以孔下酒也"，即是。

二、杀牲图

砖画中表现有很多杀牲的场面，各墓中几乎都可见到宰杀牛、羊、猪的画幅，此外还可见到宰鸡图像。

从砖画上看，杀牲的方式很有特色。杀牛多用椎击法，只见屠夫一手牵着牛鼻子，一手高举铁锤正向牛头砸去。这在古代谓之椎牛、椎剽，是一种起源很早的宰牛方法。宰羊则与宰牛不同，要先把羊的一只前腿和一只后腿分别用绳拴在木桩上，将羊反吊起来，然后再下刀放血。杀猪则是将猪捆绑在大条案

椎牛图

河西东厨的魏晋食尚——嘉峪关墓室彩绘砖画

宰羊图

杀猪图

杀鸡图

上,屠夫握铁刀由猪的后窍宰杀,似乎是为了"出其不意"。难怪从画面上看,猪并不像牛、羊在临死前那样的拼命挣扎,只是张开嘴嚎嚎而已。据说与嘉峪关相距不远的酒泉,现在还流传着"宰猪捅屁股,各有各的杀法"这么一

187

句俗语，从砖画上足以窥见其渊源是多么久远了。牛、羊、猪的宰杀都是由男子承当的，而杀鸡则是女子所为，在一块砖画上绘着两个女婢高挽衣袖，正跪立在大汤盆前褪鸡毛。这种具有浓郁生活气息的作品，除了汉代画像石，就不易见到了。

三、烹饪图

烹饪活动是砖画刻意表现的重要内容之一。砖画中可见到不少切肉、揉面、烹煮及表现厨房设备的图像。

切肉有时为男子担任，而烹食则基本由女仆掌管。有一幅砖画绘着两个男子各跪在一个小案前，左手握刀，正在切肉，切好的肉放在案下的容器中。

还有一幅砖画绘着一个在盆中揉面的女子，她身后的墙上还悬挂着铛、箕、炙叉等厨具。

在另外一幅砖画中，可以看到摆满馒头的食案。这馒头在魏晋时被称为"蒸饼"，有的还加有馅料，其实就是现在所说的包子。

庖厨图

河西东厨的魏晋食尚——嘉峪关墓室彩绘砖画

切肉图

揉面图

蒸饼图

汲水图

煮羹图

河西东厨的魏晋食尚——嘉峪关墓室彩绘砖画

烤肉图

  属于烹饪前的准备工作还有汲水、整理厨具等，这些在嘉峪关砖画中都有表现。

  烹饪方式在砖画中可以看到三种，一为蒸，一为煮，一为炙。有一幅砖画绘有一个灶台，灶后有竖起的烟囱，灶上的容器是甑，甑下是釜。这种陶甑在这批墓葬中有实物出土，甑底钻有气孔做成箅。在灶前跪着一个使女，正在往灶内添柴火。画面表现的是"蒸"，或是蒸饭，或是蒸饼。另一画面表现的则是"煮"，一个大铁釜放在铁三角架上，下面架着柴草，一个女仆在一旁拨火。铁釜里面所煮的大概就是肉羹之类。

  还有一幅砖画绘着一个女仆正拿着肉串在火上炙烤。这烤肉串在当时应当是当地官僚富贵之家经常享用的一种美味。

四、献食图

  主人宴饮就要开始了，侍女们忙得不亦乐乎，备食献食，这在彩绘砖画上也有极充分的表现。首先是备酒，侍女先用旋子盛上热水，把酒斜放在上面温

备酒图

备宴图

酒,开宴时用勺将酒舀到酒杯中,再送到主人面前。

备食的侍女有的捧着羹盆,有的托着放有馔品和筷子的食盘,还有的举着装有蒸饼的盘子,提着食匣,列队徐步前往宴席献食。

从另外一些画面看,有时主人的馔品要放在食案上,由侍女将这食案一起搬到主人座席前。

《后汉书·梁鸿传》所记梁鸿和孟光相敬如宾的故事,其中所说的"举案

送食图

齐眉"，正是献食时连案举食，以表景仰之情。这与砖画画面的意境正合。

五、饮馔图

魏晋时代同汉代一样，饮馔时一般都是席地而坐，有时坐在矮榻上，食具往往放在铺地席上，食盘和酒具就摆在面前。

两人同食一盘馔品的现象比较常见，有一幅砖画所绘正是二人相对而坐，在同一个食盘中摆着两双筷子。

还有的画面表现的是二人或多人对饮唱和，面前只摆有一套酒具。

所食馔品中比较特别的是铁叉穿烤的烤肉串，而且很可能是烤羊肉串。这烤肉串并不像一些文章所说的那样，是起源于河西走廊地区的，因为在更早的山东诸城凉台汉墓中就见到有烤肉串的画像石。

从砖画上可以看出，主人进食时，不仅有仆从献食，还有侍女打扇，更有乐队在一旁奏乐"侑食"，养尊处优之态跃然眼前。

魏晋时代由于战乱和天灾，广大民众往往要"并日而食""糟糠不厌"。

宴饮图

而上层统治者及地方世族豪强,"食必尽四方珍异",恨不"举泰山以为肉,倾东海以为酒",生活奢侈到无以复加的地步。西晋初位至三公的何曾便是日食万钱,史籍记载他好食蒸饼,而且非蒸裂有十字纹的饼不食。

嘉峪关古墓彩绘砖画不仅形象地告诉了我们流行于魏晋时代的部分食物、食器、食风,还将当时烹饪操作的一些细节展现在我们面前。这一批彩绘砖画是我们研究这个时期饮食烹饪文化的重要资料。

叩问玉门

一、古关小唱

2018年7月下旬，我应邀前往甘肃玉门做田野考察，踏察了戈壁上的汉长城与烽燧遗迹、旷野里的古代采玉遗址、山崖上的石窟等，又读到相关文献与研究论文，对玉门与玉门关留下了深刻印象，写诗道：

赤日炎炎锁空蒙，飙风匆匆扫大漠。
祁连冰雪寒四季，总使柳色青陂陀。
叩问荒野觅边关，依稀古道梦铃驼。
但见汉武遮虏障，一墩一台筑烽火。
关关相护分南北，阳关金关再悬索。
小关大关似分明，唯有玉门多疑惑。
日月所入玉山憩，金玉齐集玉关过。
一闻玉关带金关，千载阳关叹蹉跎。

古城址

二、三门归一

玉门何谓？

玉门一山，玉门一宫，玉门一关，玉门一县。

玉门之山，见于《山海经·大荒西经》所云："大荒之中，有山名曰丰沮玉门，日月所入。"这日月所入的西荒之山，玉出昆仑，称昆仑作玉山，也是名副其实。

刘向的《楚辞·九叹·远游》说："回朕车俾西引兮，褰虹旗于玉门。"王逸注："玉门，山名也。"向西远游，游至玉门，理解为山名，应当就是昆仑了。曹操的《陌上桑》也说到玉门："驾虹霓，乘赤云，登彼九疑历玉门。济天汉，至昆仑，见西王母谒东君。"这玉门显然也是山，也与昆仑相关联。

夏商周三代，宫中皆有玉门，是为玉宫之门。《晏子春秋·谏下》说：

"及夏之衰也，其王桀背弃德行，为璿室玉门。"璿室，又写作璇室，或以为玉饰之旋转宫殿。《淮南子·本经训》也说："晚世之时，帝有桀、纣，为琁室、瑶台、象廊、玉床。"高诱注："琁、瑶，石之似玉，以饰室台也。……琁或作旋，瑶或作摇，言室施机关，可转旋也，台可摇动，极土木之巧也。"这个说法显然是臆断，未必要往旋转方面理解。唐代谢偃《惟皇诫德赋》也说："夏桀以瑶台璇室为丽，而不悟鸣条、南巢之祸。"

《淮南子·道应训》中又说："文王归，乃为玉门，筑灵台，相女童，击钟鼓，以待纣之失也。"这玉门很容易让人理解为饰玉之门，其实还应当是一座玉宫。

按照这样的理解，战国楚王也建过玉门，刘向《楚辞·九叹·怨思》说："背玉门以奔骛兮，蹇离尤而干诟。"王逸注："玉门，君门。"这玉门当然是指王宫之门，并不一定是确指，泛指帝王宫殿之门。

古人也明释过玉门即王门。《尸子》卷下云："文王幽于羑里，武王羁于玉门。"《太平御览》卷四八六又引作"玉门"。《吕氏春秋·首时》也提及武王"亦不忘王门之辱"。清代毕沅说："王门即玉门，古以中画近上为'王'字，'王'三画正均即'玉'字。"王门即指玉门，也因为两个字的写法相同，有时会难分彼此。

汉时若是将王门作为玉门筑在河西长城，那不即是国门吗？

古关玉门，也是名关一座。玉门关有过移动，所以它的遗址不止一座。

玉门关频繁出现在古代文献里，也大量见于出土文献中。《汉书·张骞传》记"酒泉列亭鄣至玉门矣"，注曰"玉门关在龙勒界"，大约是当今认定的敦煌玉门关故址。

又《汉书·西域传序》说到西域的地理范围，是"东则接汉，陀以玉门、阳关，西则限以葱岭。"这样的位置，玉门关与阳关并提，而且是先提及玉门关，也说明它的位置应当邻近阳关，也即是敦煌玉门关。

不过，敦煌的这个玉门关，显然并不是唯一的玉门关，也不一定是早期的玉门关。

很多学者注意到这条史料：汉武帝非常想得到大宛天马，先派壮士车令携千金与金马前去换取，却遭到大宛王拒绝，汉使被杀，财物被抢。武帝震怒，派贰师将军李广利前往讨伐大宛。长途行军，粮草不济，损失惨重，李广利不得已回师退至敦煌，剩下人马十之一二。他给武帝上书，请求缓兵，"天子闻之，大怒，而使使遮玉门，曰军有敢入者辄斩之。贰师恐，因留敦煌"。不让退兵玉门之东，惶恐的李广利只得暂屯敦煌。这里指明的玉门方位，是在敦煌以东。玉门往东是什么地方，有学者主张在今玉门赤金峡，也有说在嘉峪关附近石关峡的，两说均可再作探讨，但此玉门非敦煌玉门，则是无疑的。

1907年，英国人斯坦因在敦煌西北的小方盘城挖出汉简，因见书写有玉门，声称发现了玉门关。王国维和沙畹指明玉门关是由敦煌以东迁来，夏鼐、向达和陈梦家则坚持认为玉门关始于敦煌。

河西四关，玉门与阳关名声很大，但关址争议也大，现在都不能说有了最终定论，倒是文献失载的金关与悬索关的关址由考古发掘得以揭示，也是很难得的。

再说玉门关之名。似乎是斯坦因初倡玉门关而得名，是由于输入昆仑玉的缘故，其实玉门之名也不一定要与玉联系在一起。

首先，这玉关也许与金关有牵连。金玉其宝，设了金关，再设玉关，或者就是同时拟定的关名。

其次，玉关也可能与阳关有牵连。玉关即是阴关，《管子·侈靡》说："玉者，阴之阴也。"以玉为阴，并不明称为阴关，而以玉关作美称，也在情理之中。

金关与玉关，阳关与阴关，放在一起思考，可能会多出一条认识它们的路径。

还有，《史记·封禅书》索隐"公玉带"说"玉又音肃"，《后汉书·光武帝纪》说"陈留太守玉况为大司徒"，注云"玉，音肃，京兆人"。玉和肃有这样的关联，让人想到河西肃北、肃州这样的地名，它们的来历也是很有故事的吧，肃北的马鬃山就有规模很大的古玉矿遗址发现。

汉代河西的四郡四关，四郡留在文献中，可四关却只是在考古学介入后才找齐了名称。不过要找到关隘遗址的确定方位，尤其是前后玉门关的具体位

甘肃肃北马鬃山古玉矿遗址

置，还有待时日。

玉门为县，是废玉门关之后所置，或是在设关的同时也以同名置县，也有待考证。

北魏阚骃《十三州志》载："玉门县置长三百里，石门周匝山间，裁经二十里，众泉北流入延兴。汉罢玉门关屯，徙其人于此，故曰玉门县。"

汉玉门县治有人认定即今赤金峡地界，众泉向北流入延兴，即北面的花海。

今之玉门，可谓宫门、山门、关门三门归一，只是可憾，那个应当在玉门的玉门关址，它还隐没着真面目，切切等待着面世的那一天。

玉石路上

——从忻州到和田

一、和田出美玉

在流入塔克拉玛干沙漠的众多河流中，有一条由昆仑山北坡发源的河名声很大，它就是玉龙喀什河，人称白玉河。"喀什"在维吾尔语里就是玉。这条河的得名，当然是因为河中有玉而且主要为晶莹的白玉，这白玉是和田玉的精粹。和田玉来自昆仑山，它在冰流中奔腾跌宕，在砂砾中起伏磨砺，它有昆仑的韵致与灵气，有冰川的洁白与晶莹，它曾经是而今依然是许多人梦寐中的追求。

在黄河、长江中游地区考古发掘出土的古玉中，有相当数量的和田玉，最早的属于商代，在殷墟妇好墓中就曾出土几件。在黄河上游的齐家文化遗址中，则发现了距今4000多年的和田玉，说明中国人对和田玉的向往与期待具有非常久远的历史。为了追寻这一段久远的历史，2002年夏天，我随着玉石之路考察队前往大漠边缘的和田，初涉向往已久的白玉河，要切身体验中国玉文化的精髓。

白玉河采玉的历史上限尚不可知，但和田玉至迟周代已经开始作为朝廷的贡品，汉唐时期更是沿着丝绸古道源源不断地输往内地。清代时白玉河采玉作"春秋贡"，最好的玉也都作为贡品献给朝廷。清乾隆二十六年（1761年）规定每年春秋两季在河中采玉两次，乾隆五十二年（1787年）停采春玉，只采秋玉。清代前期白玉河严禁民间捞玉，朝廷在河边设关卡十多处，以稽查私采玉石者。

嘉庆四年（1799年），朝廷开了玉禁，在官府采玉范围之外允许民间自行拣玉捞玉挖玉。最集中的挖玉地点是洛浦县的库马特，这在一些文献中被称为"胡麻地"，是库马特的音译，而不是因为那个地方种植有胡麻。晚清时贡玉停止，白玉河任民间自行采玉。《洛浦县乡土志》中记述那时胡麻地挖玉者甚众，挖玉者在河边种植树木，盖起房屋，不仅白日里翻石不止，还整夜挑灯挖河，有些文人的诗中提到白玉河中是"夜夜灯花"，那场面一定非常壮观。

白玉河采玉时有中断，由于玉市渐趋活跃，近年来采玉又呈蜂拥之势。在乌鲁木齐玉市，我就强烈感受到和田玉的诱惑力。一位老板将他收藏的采自白玉河的美玉展示给我们，整箱整盒的，大大小小的，晶光莹澈的，虽是一点也

白玉河上源

未经琢磨，却早已让人目不转睛爱不释手了。这些美不胜收的子玉，老板说很多都是动用大型推土机从十多米深的白玉河故道挖到的。

我们考察队到达和田的当天，就看到了之前从没有见过的采玉场景。我们的车队刚开到胡麻地附近，老远就听到机器的轰鸣声，放眼望去，时隐时现的大型推土机正将藏有玉石的白玉河滩地撕开一道道大口子，乍一看还以为这是水电站大坝的建筑工地。再往前看去，河滩上到处是大坑套小坑，那都是最近人工挖玉留下的伤痕，让人感到一种莫名的恐惧，我似乎听到了白玉河隐隐的哭泣声！

我们访问白玉河两岸的一些村子，了解到当地的维吾尔族人有的以采玉作为收入的一个重要来源。进入他们的院子，可以看到各种玉石像西瓜一样堆满一地，青白墨绿，待价而沽。作为上品的珍奇子玉小心地收存在炕头，人们夜夜随宝玉同入梦乡。

二、王有德留名白玉河

千百年来，白玉河受到帝后王侯爱玉崇玉者的青睐，也吸引了平头百姓求财爱富者的注意。在清代嘉庆年间开玉禁之后，捞玉和采玉者纷至沓来，在这并不算源远流长的白玉河里留下了自己的故事。采玉者有生活在当地的维吾尔族人，也有经数千里的长途跋涉来到白玉河的。道光年间，在白玉河寻玉的人潮中，有一位来自遥远的山西的小伙儿，寒来暑往，他咬牙在河里苦撑了两个年头，不知流了多少汗水，兴许最后挖得巨玉一块，卖得好价，从此衣食不愁。

这个采玉人叫王有德。耗损了那样多的气力，总算有了一些收获，他实在坚持不下去了，于是决定离开这让他饱尝艰辛的白玉河，赶紧将那块玉石出手。就这样离去，他觉得还有些割舍不下，临行前他再一次来到挖玉的白玉河。他信步来到往日挥汗的河滩，突然看到河边有一块巨石兀自立在那里，不平静的心似乎顿时找到了归宿。他曾在巨石下避雨，也曾在巨石旁纳凉，他似乎记起来了，那一日挖出那块玉石的大沙坑离这里并不远。顿时他觉得心里一阵发热，迈开双腿狂奔起来。他跑回自己的小窝棚，找出一把錾子，又气喘吁吁地奔回巨石前。

太阳还是那样火辣辣地炙烤着，感觉不到一丝风。王有德定了定神，拾起脚边的一块石头，叮叮当当敲向錾子。錾子的尖嘴紧咬着巨石，不一会儿石面上就錾出了"大清道光"几个字。再下面要錾出的，还有自己的名字，还有故乡的村名，还有满腹的辛酸。并没有花太长的时间，横平竖直、大小相若的23个字就被镌刻在巨石上了：

大清道光二十一二年山西忻州双堡村王有德在此苦难

这些字虽比不上法帖那样章法严谨，也不那么遒劲有力，甚至并不那么

王有德刻石

工整，但是王有德看在眼里，心里头还是满意的。他长长地吁了口气，好像成就了一件大事。王有德就这样把自己的名字留在了白玉河，也许并无永世长存的希冀，但在他想来，这个方式应当是对在白玉河两年劳作的最好的纪念。

160多年过去，我来到了王有德留名的巨石前。要不是有人指引，还真不容易找到它。巨石位于和田往布亚的公路31公里路碑附近，在现今的白玉河水面以西约100米处。它隐身在挖玉者翻起的高高低低的砂石堆之间，待走到近前，它的身影让人感到沉重与高大。这块巨石远看像一只大靴子，长和高都在2.5米以上，附近方圆数百米还寻不出这样大的河石来。

巨石为花岗岩质，外表呈深灰色，它向西的方向有一个比较平直的壁面，王有德的文字就刻在这个壁面上。文字布置在壁面中部偏左位置，首尾两行布一字，中间各行布三四字，上下两端排列较为整齐，可见王有德鏨刻时布置是很细心的。文字大小相差不多，每字约20厘米见方，笔力较为浑厚，有楷体风格。

这是白玉河边保留下来的唯一的与采玉有关的文字资料，时间、地点、人物交代得非常清楚，是一件十分重要的玉史资料，实在是太难得了。面对王有德刻石，我们纷纷议论着和王有德相关的许多细节，推想着当年在白玉河发生的事情。

道光二十一、二十二年，即公元1841、1842年，正是嘉庆开玉禁若干年之后，这当是白玉河历史上挖玉的高潮时期。王有德在寻玉的潮流中被裹挟到和田，他应当是读过私塾的。他在私塾先生或是过路的商人那里知道了一些和田玉的故事，他也许还没有娶妻生子就离别了父母亲。他的家在山西忻州，可那个双堡村又在哪里呢？也许王有德还有后人在那里生活。算来也该过去六七代了，他们会不会还保存着祖传的和田美玉呢？

告别白玉河的时候我就在想，要是有机会，我一定要到忻州去看看，去寻寻双堡村，去见见采玉人王有德的后人。

三、玉路穿雁门

回到北京，一提起白玉河的考察，我就会想到清代采玉人王有德。没过多久，从中央电视台一位编导那里传来一个非常重要的消息，说他通过多方打探，已经找到了忻州的双堡村。这让我感到非常兴奋，虽然还不知道那是不是王有德的双堡村，也还不知道那里能不能找到王有德的后人。

在离开白玉河三个月之后的一个秋日，我和电视台的记者终于踏上了前往忻州的旅程。第一天由北京驱车经紫荆关进入太行山，一路我们不停地谈论着

雁门关

双堡村，谈论着王有德。我想双堡村也许在太行山深处，又想到双堡村离忻州城应当不会太远，不然王有德不会直书为"忻州双堡村"。我们还期待着王氏家族有完整的族谱，要是在那上面寻得王有德的大名，那就太好了。

夜宿代县，次日我们的车子就径直开上了30公里外的雁门关。这是一个阻隔南北的关隘，也是一条沟通内外的重要通道。我们相信历史上有许多和田玉应当是经由草原之路过雁门关进入晋中再传入中原的，也就是说玉路是曾穿越过雁门的。薄雾中残雪映照下的古关，让人依然还能感受到往日威武萧瑟的气氛。关楼的砖墙已经大片剥落，高大的双扇关门也早已没了影踪，可是关楼门洞下的铺地石还保存着往日的模样，那上面似乎还能寻见古时的车辙与脚印。

我站在门洞内，凝视着起伏不平的青石板，又不禁想起了王有德。我想他可能也是从雁门关的这门洞下走出去的，他走西口走到新疆，走到了和田的白玉河。后来他也许携着他挖得的和田玉再次走过雁门关，由这里回到双堡村去探望双亲。

车子驶离雁门关时天色已经暗下来，我们摸黑一气赶到忻州。在忻州城一个餐馆用晚餐时，我们迫不及待地向服务员打听，问她知不知道有个双堡村。她向别人打听到城东十多公里就有一个双堡村，隶属紫岩乡（今西张镇）。紫岩乡的双堡村，正是我们已经圈定的目标！我们高兴地一边吃饭，一边商定明天的访问要点：进了双堡村首先要找的是王姓后人，最好是设法找到家谱，那事情就简单多了。

四、初访双堡村

第二天一早，我们便往陌生的双堡村进发。车子绕过忻州老城，看到高耸的城墙和城门旧迹尚存，心想这都该是当初王有德见过的光景。车出老东门大桥，在一条新修的柏油路上行驶十多分钟，便到了紫岩乡。在乡政府一位向导的引导下，又行进了两公里，由一个岔路口进了一个村子，这就是双堡村。

双堡村应当算是比较富裕的村子，有不少新盖的砖瓦房。见过村主任，简短地说明来意，问村中有无王姓人家，回答说有，而且是大姓。听到这话，我们便觉得心里有数了，便接着问王家有无家谱传世，村主任非常肯定地说没有。再问知不知道王家祖上是否有人去新疆采玉的事，村主任是什么也说不上来了。

这时听到围拢来的一个村民说，他姓王，他家有家谱。听到这话，又让我们看到了新希望，便赶紧让村主任带我们上他家去看看。当我转过身时，看到面对村委会的一面墙上墨书有一条"画云"的广告，画云就是修族谱家谱。我想一定有准，王家可能真有近年新修的家谱。

村主任带我们来到村中一户人家房前，我停下脚步，面前是一座高大的青

王氏宅门

砖券拱门，门楣上有斗大的砖雕牌匾，阳刻"履中和"三字，一看便知是一座老宅子。

推开门，见院子里有一对上了年纪的夫妇正在忙乎着什么。交谈中知道老汉大名王黄田，已经76岁了。老人告诉我们，双堡村王姓始祖是明洪武二年（1369年）由朔州义马村迁来的，至今已繁衍二十多代，他是第十九代，他前后几代都有近百人，全村王姓现有近千人。问老人是否知道他祖上有人往新疆采过玉，先祖中是否有王有德这个人，他说没听说过。问他家中有没有家谱，他连连说"有"，说着就上了北厢房，抱了一堆像被褥一样的东西出来。

待他在院子里展开来一看，真的是一张巨幅的彩绘族谱，当时我们别提有多高兴了，如获至宝一般……

五、王氏族谱上寻不见王有德

我赶忙跪下去，在族谱上一个个地仔细寻找着王有德的名字，我想在白玉河认识的那个名字，一定端端正正地写在族谱上面。我计算着王有德应当是生存在六七代以前，遗憾的是在他应该出现的位置，并没有他这个名字，前后几代也都不见这个名字。当时的心情，不知是失望还是沮丧，心想是修谱时记漏了，还是王家根本就没有他这个人。王黄田老人告诉我，这族谱是花了200元钱请邻村的画匠新修的，他对画匠的水平并不赏识，他觉得画得不理想。

我还是不甘心，还在千百个名字中一遍遍地寻找，生怕自己看走了眼。族谱上虽然没有见到王有德的名字，但我却发现了一列带"有"的名字——有宝、有良、有智、有栋、有富，他们是王氏家族的第十五代。细一数来，王氏家族王黄田老人是第十九代，他后面有两代，"有"字辈是第十五代，合起来正好是七代，王有德所在的年代与"有"字辈们正吻合，他们都应是同辈兄弟。有了这一间接的证据，我相信王有德应当是属于这个家族的，他是王氏始祖的第十五代孙。

此外族谱上还有一些名字也引起了我的特别注意，就是一些以"玉"或与玉有关的字为名的人，如双玉、双璧、双琳、玉珠等，他们是第十六世孙，正好是王有德的下辈人；又如玉春、怀玉、佩珠、佩珍、王琥、王琅、王环等，他们是王有德的同辈人；还有玉柱、玉贵、玉官、玉满、玉成、玉银、玉金等，他们是王有德的父辈。这让人不由得做出两个推测：一是王氏家族中往和田采玉的可能不止王有德一人，他的前辈和晚辈中说不定有若干人到过和田；二是王有德或他人一定是带着玉回过双堡村，不然这"玉"就不可能在王家人的名字上留下如此明显的印记。而且族谱上出现的仅是男性，那时王家人中的女性以"玉"取名者一定更多。当时王氏家族对玉石的兴致一定很高，这从他们取名的事实可以看得非常清楚。

由此我们还可以猜想，和田在清嘉庆开玉禁后，从内地去那里采玉者一定很多。不过当我问王黄田老人家里有没有祖上传下来的玉石时，他说没有，从来就没听说过。是啊，160多年过去，王家原来即便存有一些玉石，可能早就不知所终了。

在王黄田老人的院子里，我还有一种特别的感觉，总觉得王有德一定是这个家族的人。我注意到门上墙上贴着不少对联，如"福禄寿三星共照，天地人一体同春""瑞日芝兰香宅地，春风棠棣振家声"等。王黄田老人说这都是他自己写的，透出的不仅有虔诚祈福的意思，还包含有一种自得的心境。我甚至觉得，那笔体与白玉河王有德的字很有些相似，不过我很快便从这不确定的比对中跳了出来，这两者的距离足有一个半世纪呢！

六、采玉人王有德下落不明

自以为白玉河采玉人王有德的老家一定就是我们访问到的紫岩乡双堡村，他一定就是王黄田老人家族中第十五世中的一员，可是他为什么没有被写入族谱呢？他的下落呢？

我就这个问题请教了王黄田老人，问会不会出现有的人名没有写进族谱的事。他的回答非常肯定：会有这样的事。他的解释是，如果某人外出因故未归，去世后也没有归葬，他也没有后代留在老家，那他的名字就有可能不会写进族谱。听了这话，一个大疑问涣然冰释，我立即想到，王有德一定没有落叶归根，他兴许在外成家立业，他又成了另一地的王氏家族的始祖了。这应当是我们这次在王黄田老人收藏的族谱上没有见到王有德名字的主要原因。

现在看来，采玉人王有德后来是下落不明了，他也许采玉发迹富贵他乡，也许千里跋涉遭遇不测，他后来的故事对我们来说似乎已经不重要了。

对这次双堡村之行，我们感到还比较满意，白玉河刻石的追踪，总算有了个交代，有了个大体确定的结果。但电视台编导和摄像看过拍回的资料带，还觉得意犹未尽，于是我们在当日下午再次访问了双堡村。

王黄田老人仍然像上午一样热情地接待我们，重复地讲了王氏家族的许多往事。他说王家同许多山西老乡一样，都有被迫无奈走西口的传统，人们出外谋生，有的人到老也没有回来。他指着邻居的一座院子说，那座房子原来的主人很早就去了新疆，他叫王雨庆。王雨庆一去不回，解放初期王家人还去新疆探望过，他在那里已经娶妻生子，有了自己的家业。遗憾的是五十年过去了，

王氏族谱（清同治底本）

王雨庆可能已经过世，他的后人与双堡村本族也断了联系。王雨庆没有回到双堡村，所以他的名字也没有写进家谱。听了王雨庆的故事，我似乎看到了王有德的影子，看来王氏家族走新疆也是有传统的。

下午我们还有一个意外收获，就是在王黄田老人家看到了王氏家族族谱的清同治底本。底本虽有污损，但原貌尚存，那上面依然寻不到王有德的名字。当然同治年间修族谱时，王有德可能还在世，他的名字自然就不会写上去了。

王有德刻石为我们记下了白玉河采玉这一重要事件，我们应该感谢王有德，感谢这位清代的采玉人。

西南古代文化纵横通道断想

大江咆哮南去，群峰高耸云天，甘、青、川、藏、滇地区南北并行走向的山系与河流构成的高山河谷，是一道特别耀眼的景观。

对于这一区域民族历史与文化的研究，前有"南方丝绸之路"的概念引导，后有"藏彝走廊"之说提挈，学界唱和者甚多，相关研究也有许多阶段性成果。在崇山峻岭中形成南北贯通的河谷通道，被认为是历史上西北与西南各民族之间沟通往来的重要孔道。

不过我们也应当看到，过去研究者大多只是注意到，怒江、澜沧江、金沙江、雅砻江、大渡河、岷江等六条纵穿南北奔流而过的大江是多头并进的民族与文化往来的重要孔道，"藏彝走廊"正是在这样的基础上提出来的概念，许多研究者使用这一概念对这一区域的民族、历史、地理、生态及文化人类学、考古学、历史学、语言学、生态学、经济学和宗教学等多学科多角度展开研究。

学者们较多关注的是南北文化走廊景观，而无意中或多或少地忽略了通道上横向发生的交流。对于这样一个特别的文化区，强调南北文化通道的巨大作用当然是必要的，南北通道可能起着主导作用。其实虽然有高山阻隔，但是东西文化交流并没有隔断。人们多以大江为通途，以高山为阻隔，恐怕不能这样一概而论。西南区域的六江六山，自东而西大体为岷江—邛崃山、大渡河—大雪山、雅砻江—太阳山、金沙江—云岭、澜沧江—怒山、怒江—高黎贡山，这六条大江未可全视作通途，六座高山也并非全是人迹不寻。山有垭口，江有悬峡，险阻与通途，并没有绝对的分别。事实上纵切江与横断山相比较，横断山上的通道明显是多于纵切大江的。这也就是说，在历史上越过高山的文化流量，比我们想象的一定会多得多。

前些年借助现代交通工具，西南的六江六山我都曾经穿越，那艰难险阻只有亲身经历过才会有深切体会。说起来很轻松的六江六山，走过去却是万水千山，我们知道越过这山山水水的许多现代通道，都是由古代的通道演变而成的，现代人是踏着先人的脚印走过来的。

关于西南大江和大山纵与横的交流，我列举两个小小的例子。

四川汉源与西藏昌都卡若的史前陶罐，双体珠联璧合，气韵相通，这是4000多年前山道上从东到西的交流，跨越了大渡河—大雪山、雅砻江—太阳山、金沙江—芒康山、澜沧江，虽然是以山道为主导的交流，却依然要面对数条湍急的大江。北方甘青的彩陶与南方滇越的衬花陶旋纹婉转曲回，脉络相承，这是4000多年前水道上从北向南的交流的物证，它跨越了岷江—邛崃山、大渡河—大雪山、雅砻江—太阳山、金沙江—云岭、澜沧江，这衬花陶越山跨江，虽然是以水道为主导的交流，却依然要面对数座险峻的大山，一路西行到达西藏腹地，在拉萨附近的曲贡遗址见到，令人惊奇。雪域高原制作的衬花陶精美之至，可以媲美滇越。

还有，茶马古道也并不全是沿江而行，多要翻山越岭，贯通东西。千古盐道也是水陆并行，纵横交织。当然从研究的层面上看，梳理纵向关系比起梳理横向关系来，会感觉便利得多，正因为如此，我们更应当加强横向方面文化通道的研究。事实上文化区域的划分，并不是完全以线形的大江为依托的，可能更明显的是以面的形态出现的。从这个角度看，山地的重要性又要超过水路了。就像黄河文化一样，上游的民族与文化并没有一泻而下，上下游各自特色鲜明。而反倒是北方来的文化，一次次拦腰冲向黄河，这种拦腰似的冲撞，有时也来自南方的长江。

西南古代文化通道纵与横的交流，在史前的洪荒时代，在青铜时代，在茶

守望昆仑

四川汉源出土的双腹陶器

西藏昌都卡若遗址出土的双腹陶器

马盐互市时代，文化的交流与族团的往还，一直都没有停止过。既有水道上的顺流与逆流，也有山道上的上坡与下坡。古代是以河流通道为主通道，还是以山地通道为主通道，现在要判定还为时过早。

过去就南方丝绸之路的走向进行的研究，是解决这个问题的一个开端。人随山水走，山水也会随着人的脚印搬家。我们注意到六江中有一条雅砻江，这是一个藏语江名，藏语叫"尼亚曲"，意为多鱼之水。它源出青海巴颜喀拉山南麓，上源叫扎曲，流到呷衣寺后称雅砻江，流至四川攀枝花注入金沙江。

高原的雅鲁藏布江其实也是一条"雅砻江"，因山南的雅砻河而得名。只是因为曲水一带的人读雅砻为雅鲁，所以才有了不同的写法。

人们现在从语意上理解，雅鲁藏布江的藏语意思是流过平原的河流。不过这说法是值得怀疑的。因为山南的雅砻河，被认为是吐蕃王朝的发祥地，是大江因小江而得名，一定与吐蕃王朝的兴起有关。其实雅鲁藏布古代藏文称"央恰布藏布"，意思是从高坡流下来的水。

我们还知道，藏东波密也有一条雅砻藏布，它只是在大峡谷流入雅鲁藏布江的帕隆藏布的一条支流。而这条"雅砻江"，才是雅砻部族真正的发祥地。我曾经在那里寻访古老的墓地，采访到一些生动的传说。据《雍布拉康志》《弟吴宗教源流》等藏文史籍的记载，吐蕃第一代聂赤赞普出生在西藏波密的雅砻藏布。"波密"藏语意为祖先，与那里的"雅砻江"的关系十分明确。是否可以这样认为，雅砻之名，最早出现在藏东的波密，第一次沿着雅砻部落的崛起迁徙被移名到中部的山南，接着因吐蕃王朝的兴起又移名到了雅鲁藏布江，后来又随着吐蕃势力的扩张，被带到了川西之地，随着它一同到来的应当还有牦牛岭等。

横断山，横不断。对于文化交流来说，高山大川都不是屏障。当然，跨越横断山的交流要比沿着大江的交流困难得多。翻越高山，跨过大江，东西交融，南北对流，西南几纵几横的通道都需要用力探寻。

昆仑诗草

玉河炼玉
2002-05-25

从莽莽昆仑走来
在冰流中跌宕潜行
在沙石中起伏磨砺
山川赋予你既刚且柔的秉性
吸纳昆仑的伟岸与灵气
携带冰川的洁白与晶莹
你沟通天地人神
你锤锻古今君子的德操性情

玛尼堆：圣地风帆
2011-06-06

一次次柔弱的祈祷
一遍遍敲打上坚韧的岩石

祈祷穿越了多少世纪
坚韧慢慢地重叠在一起

祈祷柔弱似水
希望高大如山

承受着高阳的热
经历了冰雪的寒

柔弱渐渐厚重
坚韧筑出高坛

玛尼堆——祈祷之山
那是圣地一叶叶美丽的风帆

思想起：文成公主，那一位卓玛
2012-03-02

公元六四〇年
三月二日
一个没有留下名字的
李唐王朝的女子
不过是一个只有十五岁的
柔弱的小姑娘
她开始了雪域之旅
那是多么艰难的旅程
多么遥远的旅程

守望昆仑

> 她在高原生活了四十个冬夏
> 她播下的种子
> 在那里开了一千多次花
> 她是我们不能忘却的
> 文成公主

过日月山

2012-06-25

记不得来过几次，又一回远远瞻望日月山。思想起李唐公主，那时节她也曾经从这里走过。

> 日思
> 月念
> 山记
> 记着那一年那一日
> 记着茫茫风雪中的你
> 疲惫的身影
> 一步缓似一步
> 艰难地挪到了这里
> 攀上日山月山
> 你不再回首
> 爷娘不再入梦
> 长安不再念起
> 一十五岁的心
> 已然乘着苍鹰
> 扶摇腾挪
> 飞往雪域圣地

日涕

月泗

山泣

泣着那一生那一世

泣着沉沉孤寂中的你

逶迤的马队

一程紧似一程

坚韧地穿越昆仑瑶池

攀过日山月山

你不再悲戚

香肩不再柔弱

双眸不再迟疑

五十五载的身

早已化作甘霖

殷殷飘洒

浸润湖山脉气

再读你　刮到大渡河岸的西北风
——四川金川的刘家寨遗址
2012-07-11

你的姿容

是那样旖旎

你的气息

是那样熟悉

偶见

深识

经历寒暑

拥有朝夕

曾经的你

不会忘却

也不须想起

山无阻

水难隔

艳艳色

芊芊体

从五千年前飘来

从三千里外走过

这就是你

读你

懂你

岁月山水不能阻隔的你

思想起：藏王陵
2012-08-18

一位是显赫的赞普

一位是不幸的王子

还有王妃公主与王孙

可是我已经不能确认

不知道你和她

究竟各个长眠在

哪一座高大的陵冢里

木惹山

你如何收存好

这些张扬的魂灵
琼结河
你如何书写出
那些血脉澎湃的跳动
长安都门
见识过他的骄矜
北漠疆场
驰骋过他的铁蹄
陵碑
镌刻着赫赫功名
陵台
飘扬着千年风幡
坟茔沉沉
白雪绵绵
唐蕃恩恩怨怨
见证就在这里

大漠驼影
2013-01-10

驮去丝
运回食
驮去剑戟
捎回佛慈
沙海的灵魂
沟通着两界的精气
来来往往
行色倦疲

守望昆仑

西游

东驰

稀音声

无蹄迹

只那一种坚韧

生生不息

长驻于世

许我一梦到敦煌
2014-08-29

风拍着翅膀

雨打着脊梁

一途风尘

一途念想

那刚坚的石窟

那柔软的月牙泉

那婀娜的飞天

那静持的众菩萨

那是佛的驻足地

戈壁的心脏是满满的佛音佛光

今日却与你擦肩而过

匆忙

慌张

更沉的是惆怅

他日风停雨歇前

如若再梦

许我一梦到敦煌

敦煌莫高窟
2017-08-21

立定大漠

两关玉阳

佛法莫高

觉悟敦煌

鸣沙山与月牙泉
2017-08-19

我的山立鸣沙

鸣沙焕五彩

你的泉卧月牙

月牙弦一弯

瓜州品瓜
2017-08-17

瓜州吃瓜

不知记得否

是瓜州的瓜好

还是瓜好的瓜州

祁连冬与夏
2017-08-13

远一片

白雪皑皑

近一片

绿叶葱茏

这不是梦

冬与夏

在这里相逢

祁连八月雪
2017-08-13

祁连八月雪

嘉峪千年风

指端示玄黄

平语说西东

眺牦牛岭
2018-01-10

雪白连天蓝

冷暖一目收

那边牦牛岭

可曾见牦牛

唐音出阳关
2018-03-04

别离

有酒

可有泪

一音

一曲

早已醉

梦西王母
2018-05-31

跟我走吧

去汉代人的美丽梦境里

见识一回高贵的西王母

人之来去

细觉慢悟

和田策勒古佛寺
2019-06-04

昆仑山下望昆冈

达玛沟旁悟达摩

昆冈不得望

达摩悟如昨

天边
2019-06-25

天边飘过古老的烟云

烟云下晃动着你疲惫的身影

我知道你在寻找

寻找那些飘散的魂灵

遗落在高原的他们遇见你

有如迷失无助的孩子

你引领着他们回家

千山万水

雪域大漠

无论多么遥远的跋涉

也阻不住你坚毅的步伐

参考文献

[1] 北京大学历史系考古教研室. 元君庙仰韶墓地[M]. 北京：文物出版社，1983.

[2] 中国科学院青藏高原综合科学考察队. 西藏土壤[M]. 北京：科学出版社，1985.

[3] 西藏自治区文物管理委员会，四川大学历史系. 昌都卡若[M]. 北京：文物出版社，1985.

[4] 东嘎·洛桑赤列. 论西藏政教合一制度[M]. 陈庆英，译. 北京：民族出版社，1985.

[5] 谢·亚·托卡列夫. 世界各民族历史上的宗教[M]. 魏庆征，译. 北京：中国社会科学出版社，1985.

[6] 盖山林. 阴山岩画[M]. 北京：文物出版社，1986.

[7] 盖山林. 乌兰察布岩画[M]. 北京：文物出版社，1989.

[8] 西藏自治区文物管理委员会. 古格故城[M]. 北京：文物出版社，1991.

[9] 中国社会科学院考古研究所. 中国考古学中碳十四年代数据集：1965—1991[M]. 北京：文物出版社，1992.

[10] 文物出版社. 中国岩画[M]. 北京：文物出版社，1993.

[11] 许成，卫忠. 贺兰山岩画[M]. 北京：文物出版社，1993.

[12] 中国社会科学院考古研究所.殷墟的发现与研究[M].北京：科学出版社，1994.

[13] 西藏自治区文物管理委员会.西藏岩画艺术[M].成都：四川人民出版社，1994.

[14] 四川联合大学西藏考古与历史文化研究中心，西藏自治区文物管理委员会.西藏考古：第1辑[M].成都：四川大学出版社，1994.

[15] 文物出版社，光复书局企业股份有限公司.中国考古文物之美：河北平山中山国王墓[M].北京：文物出版社，1994.

[16] 苏北海.新疆岩画[M].乌鲁木齐：新疆美术摄影出版社，1994.

[17] 中国社会科学院考古研究所.大甸子：夏家店下层文化发掘报告[M].北京：科学出版社，1996.

[18] 李文杰.中国古代制陶工艺研究[M].北京：科学出版社，1996.

[19] 李永宪.西藏原始艺术[M].成都：四川人民出版社，1998.

[20] 中国社会科学院考古研究所，西藏自治区文物局.拉萨曲贡[M].北京：中国大百科全书出版社，1999.

[21] 内蒙古文物考古研究所.岱海考古（一）：老虎山文化遗址发掘报告集[M].北京：科学出版社，2000.

[22] 上海市文物管理委员会.福泉山：新石器时代遗址发掘报告[M].北京：文物出版社，2000.

[23] 吉林省文物考古研究所，延边朝鲜族自治州博物馆.和龙兴城：新石器及青铜时代遗址发掘报告[M].北京：文物出版社，2001.

[24] 邱中郎.青藏高原旧石器的发现[J].古脊椎动物学报，1958，2（2-3）.

[25] 黄河水库考古队甘肃分队.临夏大何庄、秦魏家两处齐家文化遗址发掘简报[J].考古，1960（3）.

[26] 北京大学考古实习队.洛阳王湾遗址发掘简报[J].考古，1961（4）.

[27] 吴汝祥.青海都兰县诺木洪搭里他里哈遗址调查与试掘[J].考古学报，1963（1）.

[28] 中国科学院考古研究所山东队.山东曲阜西夏侯遗址第一次发掘报告[J].

考古学报，1964（2）．

[29] 嘉峪关市文物清理小组．甘肃地区古代游牧民族的岩画：黑山石刻画像初步调查[J]．文物，1972（12）．

[30] 新安．西藏墨脱县马尼翁发现磨制石器[J]．考古，1975（2）．

[31] 广西壮族自治区文物考古训练班，广西壮族自治区文物工作队．广西南宁地区新石器时代贝丘遗址[J]．考古，1975（5）．

[32] 王恒杰．西藏自治区林芝县发现的新石器时代遗址[J]．考古，1975（5）．

[33] 阚勇．元谋大墩子新石器时代遗址[J]．考古学报，1977（1）．

[34] 尚坚，江华，兆林．西藏墨脱县又发现一批新石器时代遗物[J]．考古，1978（2）．

[35] 安志敏，尹泽生，李炳元．藏北申扎、双湖的旧石器和细石器[J]．考古，1979（6）．

[36] 礼州遗址联合考古发掘队．四川西昌礼州新石器时代遗址[J]．考古学报，1980（4）．

[37] 辽宁省博物馆，旅顺博物馆，长海县文化馆．长海县广鹿岛大长山岛贝丘遗址[J]．考古学报，1981（1）．

[38] 云南省博物馆．云南宾川白羊村遗址[J]．考古学报，1981（3）．

[39] 钟长发．甘肃天祝县出土大型铜牦牛[J]．文物，1981（11）．

[40] 安徽省文物工作队．潜山薛家岗新石器时代遗址[J]．考古学报，1982（3）．

[41] 许兴国，格桑本．青海省哈龙沟、巴哈毛力沟的岩画[J]．文物，1984（2）．

[42] 童恩正．西藏考古综述[J]．文物，1985（9）．

[43] 钱方，吴锡浩，黄慰文．藏北高原各听石器初步观察[J]．人类学学报，1988（1）．

[44] 汤惠生，张文华．青海卢山、野牛沟、怀头他拉、舍布其岩画调查及研究[J]．青海文物，1989（2）．

[45] 童恩正．西藏高原上的手斧[J]．考古，1989（9）．

[46] 韩康信，张君.藏族体质人类学特征及其种族源[J].文博，1991（6）.

[47] 霍巍.论卡若遗址经济文化类型的发展演变[J].中国藏学，1993（3）.

[48] 肖明华.云南剑川海门口青铜时代早期遗址[J].考古，1995（9）.

[49] 云南省文物考古研究所，大理州文物管理所，永平县文物管理所.云南永平新光遗址发掘报告[J].考古学报，2002（2）.

后 记

本书的出版是个意外收获。过去写出的这些零散的文字，如散兵游勇一般，没有想过它们会有聚拢的一天。非常感谢天地出版社的领导和编辑，他们突然间打来一个电话，使这个聚拢很快进入流程。

本书围绕着高原，讲述了一个个我遇到的故事。这个高原，以青藏为中心，往北越过昆仑，往东抵达昆仑东缘。它虽然并没完全包纳我十次入藏的经历，但我之思之想，却都囊括其中了。没错，这都是发生在"第三极"的古老故事，所以本书列入"第三极考古手记"丛书，我觉得是合宜的，我也为遭逢这良机感到特别高兴。

从1989年开始，我与高原结缘，到高原去考古忽然间成了我的日常。进出高原最深的感受，于我而言，是氧气的不可或缺。饥渴让人难耐，却可以耐它几日，但若是呼吸的空气中无足够的氧，生死的距离只在分秒之间。氧是维持生命的给养，也是维持思考的给养，是氧给了我们一切的可能，它是一切故事的前提。

我在氧里生活，这生活让我生出守望的责任感，其中就包含着对昆仑的守望。昆仑在古代，不仅是个地理概念，也是个文化概念，甚至是个政治概念。守望昆仑，我献出了一份绵薄之力，这一本小书是个见证。

这书中的故事，都围绕着昆仑展现，也都围绕着考古展现。这些是田野上的亲历，是稀薄空气里的呼吸。

　　这几天在出差途中，收到了编辑发来的书稿清样文件，粗看过后，觉得效果不错，遗憾的是缺个尾巴。我在旅行中用手机写了这个后记，将本书的来龙去脉交代了一下，谢谢各位读者的阅读。

作者

2021年5月8日

写于G308次列车上